다녀왔습니다

다녀왔습니다

초판1쇄 2016년 10월 19일
초판2쇄 2016년 11월 7일

엮은이 | 월정사
펴낸이 | 남배현

기획 | 모지희
책임편집 | 박석동

펴낸곳 | 모과나무
등록 2006년 12월 18일 (제300-2009-166호)

주소 | 서울시 종로구 종로19, A동 1501호
전화 | 02-725-7011
전송 | 02-732-7019
전자우편 | mogwabooks@hanmail.net

디자인 | 동경작업실

ISBN 979-11-87280-08-8 (03220)

이 도서의 국립중앙도서관 출판예정도서목록(CIP)은
서지정보유통지원시스템 홈페이지(http://seoji.nl.go.kr)와
국가자료공동목록시스템(http://www.nl.go.kr/kolisnet)에서
이용하실 수 있습니다.(CIP제어번호: CIP2016024477)

모과나무 (주)법보신문사의 출판 브랜드입니다.
지혜의 향기로 마음과 마음을 잇습니다.

다녀왔습니다

내 안으로 떠나는 30일 간의 출가학교 여행기

월정사 엮음

모과나무

만일
그대가 지혜롭고
성실하고 예절 바르고
현명한 동반자를 만난다면
어떤 어려움도 이겨내리니
기쁜 마음으로 함께 가라

그러나

그와 같은 동반자를

만나지 못했다면

마치 왕이 정복했던

나라를 버리고 가듯

무소의 뿔처럼 혼자서 가라

힘을 써야 합니다

인생의 많은 시간을 우리는 공부에 매달려 지냅니다.

공부를 왜 하는 것일까요?

저도 열심히 공부를 합니다.

진정한 삶을 살기 위한 공부,

열반의 삶을 위한 공부,

부처님 같은 지혜롭고 대자대비하고

무량한 공덕 성취의 삶을 살기 위한 공부를 합니다.

한 번의 노력으로 되는 일이 아닙니다.

그래서 하고 또 합니다.

애쓰고 또 애씁니다.

온 정성을 다해 힘을 쏟습니다.

이것이 정진精進입니다.

지극한 마음으로 참회하고 기도하는
그 속에 모든 공덕이 일어나고 악업은 소멸됩니다.
우리는 선택할 수 있습니다.
행복할 수도 있고 불행할 수도 있지요.
행복은 힘써 열어내고 구할 수 있는 그런 일입니다.
그런 확신을 갖고 살아가야 합니다.
행복의 문을 열어내기 위한 과정,
그것이 출가학교입니다.
출가는 스스로 해방되는 길입니다.
자유의 성취입니다.
자신이라는 단단한 틀 속에서 벗어나는 일입니다.
더 큰 자신, 대아大我로 거듭나
함께 더불어 사는 세상 속에서
행복하고 평화로워지는 것입니다.
이제까지의 잘못된 방향을 바로잡아가는 과정입니다.
그래서 지금 이 순간이 중요합니다.
과거 업의 결과인 지금 이 순간은 피할 수 없습니다.

하지만 미래를 결정할 원인이기도 한
지금 이 순간은 우리의 의지로 바꿀 수 있습니다.
과거 업의 힘에 딸려가지 않으려면
그 보다 더 큰 원력願力으로 이겨내야 합니다.
한 번으로 되지 않기에
우리는 두 번, 세 번, 열 번…
계속 힘써야 합니다.
구름이 사라지면 태양이 드러나듯이
마음이 맑아지면 원력은 저절로 이루어집니다.

오대산에서
퇴우정념退宇正念 올림

다녀왔습니다

구름처럼 물처럼

40대 중반을 훌쩍 넘겼다. 삶의 변화가 절실히 필요했다. 고민 끝에 회사에 사직서를 제출했지만 쉽게 받아들여지지 않았다. 몇 해 전 고심 끝에 불교에 귀의한 나지만 불교가 무엇인지 잘 몰랐다. 장님이 코끼리 만지는 격이라고나 할까, 불교는 내게 공부하기 어려운 종교였다.

무엇인가 깨닫기 위해 5대 적멸보궁 성지순례를 하기로 했다. 그곳에서 월정사 출가학교를 알게 되었다. 사직서를 제출하고 14일간 물만 먹으며 단식을 했다. 정신적인 수양과 건강상의 이유, 회사에 대한 간접적 압박 행사였다. 우여곡절 끝에 드디어 출가학교에 입교하고 첫날 면접시험격인 갈마를 스님들께 받았다.

"여기를 어떻게 오시게 됐습니까?"

그럴싸하게 답하고 싶었다.

"예~ 저기… 제 자신에게 거사로 살지 스님으로 살지 기회를 주고자 왔습니다."

내 말에 학감스님은 흡족하다는 듯 미소를 지으셨다.

"그렇다면 행자 기간 동안 자신을 잘 바라보십시오. 좋은 기회가 될 것입니다."

그런데 아무래도 나는 주소를 잘못 찾은 듯했다. 묵언이라고 아무 말도 못하게 하더니 다음날 새벽부터 일사천리로 머리를 박박 깎였다. 머리를 깎으니 옆 사람이 남자인지 여자인지 노인인지 젊은이인지도 모르겠고, 난생 처음 머리를 깎아 마음이

심란해 눈물이 날 지경인데 삼보일배를 시키는 것이 아닌가.

걸을 때는 손을 가지런히 모은다. 눈을 두리번거리면 안 된다. 앉을 때는 무릎을 꿇고 앉는다. 이것은 감옥의 죄인도 하지 않는 행동 아닌가. 아니 머리를 박박 깎았으니 죄수와 별반 차이도 없다. 돈 주고 뺨 맞는 격이다. 탈출을 하자니 자존심이 걸린다. 돌려받지 못하는 입학금도 아까웠다. 묵언이라 말도 못하고 혼자 뭐 마려운 개처럼 끙끙댔다. 하루, 이틀, 사흘… 일주일, 열흘이 지났다. 이상한 변화가 일어나기 시작했다.

주말도 휴일도 없다. 새벽 3시 반에 일어나서 저녁 9시까지 빽빽하게 짜인 일정에 피곤해 꾸벅꾸벅 졸기 일쑤인데 마음이 편안하다. 들끓던 불만도 서서히 사라진다. 이건 도저히 말이 되지 않는 상황이었다.

사회에서 우리는 흔히 원한다. 내 재산, 내 명예, 내 권력, 지나온 과거와 경력들을 알아주길 원한다. 남과 비교하며 으스대고 자신의 존재감을 드러내려 수없이 노력한다. 남들이 나를 알아주기를 바라며 내가 한 일에 칭찬을 해주고 힘들 때는 아낌없이 위로를 해주길 바란다.

그러나 이곳에서는 이 모든 것을 묵언 아래 두었다. 침묵하게 했다. 다만 절 수행을 통해 '하심下心'하며 자신의 마음 상태를 살피게 했다.

매일 숲길 포행을 했다. 천천히 걷는 것만으로 경이로웠다. 새소리, 물 흐르는 소리, 나무 사이를 스쳐지나가는 바람소리, 꽃과 나비와 벌, 달려가는 다람쥐, 흙냄새… 처음으로 생생하게 느껴보는 것들이 이내 친숙해졌다. 잡초는 침묵으로 일관하는 진정한 스승임을 알게 되었다. 누가 보든 말든 평생 한탄하거나 불평하지 않는다. 벌과 나비를 불러 꿀을 먹이고, 나름대로의 향기를 내뿜는다. 작은 들꽃을 아무 조건 없이 선물하는 잡초, 나는 감사하지 않을 수가 없었다. 이러한 것들이 눈앞에서 펼쳐지는 순간 희열감이 물밀듯이 밀려왔다.

서대와 상원사를 거쳐 선재길 계곡으로 걸어 내려올 때, 바람을 타고 꽃잎이 눈송이처럼 날렸다. 자연이 보여주는 위대한 장관 앞에서 나는 한 조각 꽃잎처럼 잠시 머물다 가야 하는 존재임을 분명히 알 수 있었다.

졸업식이 끝나고 일주일 동안 도반들과 남아 자원봉사를 했다. 묵언을 풀고 이야기를 나누며 월정사 경내를 마음껏 다닐 수 있다는 것이 얼마나 자유롭고 행복한지 만끽했다. 규율이 자율로 바뀌는 순간이었다. 그리고 내가 갈마 때 내뱉은 말이 씨가 되는 웃지 못할 일이 벌어졌다.

'출가'를 깊이 고민하게 된 것이다. 출가를 하기 위해서는 서원을 세워야 한다고 흔히들 말한다. 이 말은 출가하여 많은 어려움과 시련을 능히 물리칠 수 있는 것은 출가 당시 세운 원밖에 없음을 뜻한다. 따라서 원을 세우는 일은 출가 수행승에게 중요한 일인 것이다. 그렇다면 이 원 세우는 일을 어떻게 해야 한단 말인가!

그 답은 의외로 간단하다. 속가에서 원 없이 살아야 하는 것이다. 그래야 비로소 출가할 때 아무런 미련 없이 원을 세우고 자유롭고 행복한 수행 속에 아름답게 마무리를 할 수 있는 것이다. 이러한 결론에 이르자 고민이 한순간에 사라졌다. '그래, 출가 전까지 원 없이 살아보리라.' 세상에 나아가도 흔들리지 않을 용기가 내면 깊숙이 용솟음쳤다.

집에 돌아오자마자 회사 직원 분들과 송별식을 조촐히 하고 주변 정리를 했다. 한 트럭 분량의 책과 옷, 물건들을 치웠다. 늦었지만 용기를 내서 그동안 하고 싶었던 공부를 해보기로 했다. 그러면서 그동안 미처 알지 못했던 진실을 하나씩 발견하기 시작했다. 정리를 한 후 비워진 자리가 나에게 아늑함과 안정감을 줄 뿐만 아니라 누가 와도 부담 없이 차를 마실 수 있는 공간을 제공해주었다.

아침 뒷산에서는 월정사에서도 듣지 못한 뻐꾸기 소리가 들렸다. 산책길 바스락거리는 소리에 뒤돌아보니 다람쥐와 박새, 고라니가 내 주변에서 함께 살아가고 있음을 알게 되었다. 들꽃의 아름다움에 취하고, 지나가는 바람결에 들려오는 나뭇잎 펄럭이는 소리가 정겹게 다가왔다.

내 집과 주변은 바뀐 것이 하나도 없는데도 새롭게 느껴졌다. 나에게 남겨진 시간의 소중함을 알게 되었다. 요즘 나는 구름처럼 물처럼 자유롭게 살아가며 출가를 준비 중이다. 나에게 출가학교는 아직 현재진행형이다.

금운_40기

거울처럼 살아라

창밖으로 뉘엿뉘엿 넘어가는 해가 연출하는 장면이 장관이라, 잠시 감상에 젖어 오늘 하루를 되새겨본다. 무엇이 그리 바쁠까. 쓸모없는 말을 얼마나 많이 했을까. 웃는 얼굴보다는 찡그린 얼굴이었을까. 다른 사람을 힘들게 했을까.

예전에 없던 내 모습이다. 월정사 출가학교 이전과 이후 모습은 참 다르다. 내가 생각해도 그렇고, 주위 동료나 친구들 이야기도 그렇다. 나이 50세면 지천명知天明이라고 타고난 운명을 아는 나이라 했건만, 난 이제 철이 조금 드는 느낌이니 이 부족함을 어찌 채울까.

IMF와 반복되는 금융위기 등으로 인해 대량해고와 명예퇴직 등 수많은 사람들이 직장을 잃고 힘들어 할 때, 대기업의 임원으로 그 아픔을 헤아리고 보살피기보다는 내가 해야 할 일과 하고 싶은 일에 매달려서 오직 앞만 보고 달려왔었다. 매일 야근과 회식에 고객 접대, 친교 등을 위한 주말 운동으로 모든 관심과 역량은 나와 가족이 아닌 회사와 일에 집중된 워커홀릭이었다.

그런데 최고경영자를 선임하는 과정에서 주도적인 역할을 하게 되었고, 그 후유증으로 직장을 그만 두고 새로운 곳으로 이직을 준비하고 있었다. 그때 대한민국을 큰 혼란에 빠트렸던 고객정보유출 사건이 터졌고 그 일의 총괄 관리자로서 내가 책임을 지게 되었다.

이직을 포기해야 하는 것도 그렇지만 회사에 대한 배신감이 엄청났다. 후배들에 대한 원망과 분노가 너무 커 나 자신과 가족들을 힘들게 했다. 기나긴 방황이 이어졌다. 어떻게든 벗어나기 위해 몸부림을 치면서 좀 더 주체적이고 인간답게 살고 싶었다. 새로운 인생에 대한 두려움을 극복할 수 있는 무언가가 필요했다. 오롯이 나를 위한 시간이 필요했다. 과거에 얽매어 살고 있는 나에게 변화를 줄 수 있는 안식처가 절실했다.

위기의 친구가 기회라 했나. 방황하는 나를 위로해주며 용기를 북돋아주던 많은 분들 중 정형외과 원장님이 가르쳐주신 세상을 보는 '관'을 갖기 위해 영상으로 접해보았던 출가학교를 생각하기 시작했다. 분노로 인한 마음의 상처를 내려놓고 싶은 간절한 마음 한편으로 새로 설립한 법인의 영업을 비롯해 가족들의 일이 마음에 걸려서 한참을 망설였다. 결국 이번 기회가 아니면 평생을 후회할 것 같아서 결심을 했다.

복잡한 심경으로 도착한 문수선원은 정말 낯설었다. 행자? 여행자인가? 하고 생각할 정도로 나는 아무것도 아는 게 없었다. 사회에서 자신이 어떤 위치와 환경에 있었는지 지금부터 잊어버리라는 스님의 모습도 낯설었다. 통제를 받아본지가 오래되어 그런지 말 한 마디, 행동 하나하나가 다 힘들었다. 오랜

만에 출가학교 때 쓴 일기를 펼쳐보니 얼굴이 화끈거린다.

2014년 4월 19일 토요일 흐리고 쌀쌀함

법명이 법경法鏡이다. 40기는 앞에 법 자가 들어간단다. 이젠 제대로 된 불교인인가? 아직도 얼떨떨하다. 지금 내가 무엇을 하고 있는 건가. 온통 모르는 용어다. 예불 용어도 그렇고, 도통 모르겠다. 그렇지만 마음과 몸 수양을 게을리하지 않는 것은 정말 좋은 것 같다. 몸은 천근만근, 집사람, 애들이 간절히 보고 싶다. 내가 왜 이렇게 고생을 사서 할까? 그놈들을 용서해줄 수 있을까? 내가 다른 모습으로 발전할 수 있을까? 또, 한 밤이 저문다.

2014년 5월 9일 금요일 맑음

문수선원에서 자는 마지막 밤이다. 참 힘든 여정이다. 그래도 나는 복이 많단다. 이번에 얻어 가는 게 많을 거라고 다들 이야기 하니 고맙다. 온갖 신음 소리에 헛소리, 이 가는 소리 등에서 많이 편해졌단다. 끊어질 듯이 아프던

허리도 많이 나아지고 등짝도 좋아졌다. 아직 많이 미흡하지만, 부처님을 만났다는 표현은 그렇고, 이제부터 본격적으로 알아가야겠다. 우선 이렇게 만나게 된 것도 대박이다. 후반부의 내 인생이 나와 가족, 남들에게 폐가 되지 않을 것 같다.

일부를 소개한 것이지만, 입학한 시점과 이후 회향하기 전의 내 모습은 참 많이 달라져 있었던 것 같다. 생활 속에 후회가 되는 점도 있지만, 분명한 것은 내 인생에 획기적인 전환점이었다는 사실이다. '출가'를 생각하는 사람들의 동기와 자세는 어떤 것일까?

예전엔 다가서기 어려운 스님들이었는데, '이고득락離苦得樂'을 강조하는 전문적인 강의, 전나무 숲길과 상원사에서 적멸보궁까지의 삼보일배에서 보여준 스님들의 헌신적이며 진지한 자세를 통해 나에게는 어려울 때마다 달려가 위로를 받으며, 또 다른 출발을 위한 재충전에 활력소가 될 수 있는 빽이 생긴 것 같아 든든하다.

동기 도반들과 송년회를 준비하면서 다시 한 번 월정사를 찾았다. 오랜만에 고향의 그리운 옛 친구들을 만나는 설렘 같이 흥분되었다. 상원사 주지스님, 청엄 스님과의 차담, 반가운 도반들과 수다, 겨우 20여 일밖에 생활하지 않은 문수선원의 익숙한 냄새에 아주 쉽게 잠이 들었다. 이젠 조금 힘든 하루를 보내게 되면 제일 먼저 찾아가서 쉬고 싶은 곳이 월정사의 문수선원이 되어버렸다.

이제 하루 백팔배가 일상화 되고 있다. 매일 먹는 술을 절로 정화하지 않으면 몸이 사단이 나 있을 것 같다. 어쩌다 절 근처를 가면 반드시 법당에 인사를 드린다. 그것도 아주 자연스럽게 말이다. 주위 사람들은 우스갯소리로 나를 스님이라 부른다. 지금 내 얼굴이 편안해져 있어 보기 좋단다.

많은 것들이 궁금해서 하나씩 배우고 있다. 건방지지 않고 겸손하게 제대로 알고 싶고 실천하고 싶다. 과거처럼 탐욕에 눈이 멀고 내 욕심을 채우기 위해 비즈니스를 하지 않는다. 물론 구멍가게 수준이지만 천천히 제대로 하고 있다고 생각한다. 그래서 그런지 영업이 더 잘 된다.

대학교 강의도 하게 되었다. 생각지도 못한 정식 교수 자리다. 예전 같으면 월급이 작다고 안 했을 거다. "자기 성찰을 통하여 건강한 인격체를 이루고 보살도의 실천으로 정토를 이루어가는 깨달음의 사회화를 교육 방향으로 하는" 출가학교의 취지와는 아직 멀었지만 한 걸음씩 나아가다 보면, 조금은 비슷한 인간이 되지 않을까?

요즘은 만나는 사람들에게 월정사 자랑을 먼저 늘어놓는다. 나를 알던 사람들은 신기해한다. 종교 이야기를 한 적이 없었으니 그럴 만도 하다. 내가 얻은 게 많아서 그런지 고마움을 갚아야 하는데 걱정이 앞선다. 신영복의 《엽서》에 나온 글을 소개해본다.

새해가 겨울의 한복판에 자리 잡은 까닭은 낡은 것들이 겨울을 건너지 못하기 때문인가 봅니다. 낡은 것으로부터의 결별이 새로움의 한 조건이고 보면 칼날 같은 추위가 낡은 것들을 가차 없이 잘라버리는 겨울의 한복판에 정월 초하루가 자리 잡고 있는 까닭을 알겠습니다. 세모에 지난 한 해 동안의 고통을 잊어버리는 것은 삶의 지혜입니다. 그러나 그것을 잊지 않고 간직하는 것은 용기입니다. 나는 이 겨울의 한복판에서 무엇을 자르고, 무엇을 잊으며, 무엇을 간직해야 할지 생각해봅니다.

오대산 깊숙한 곳에 우뚝 솟아있는 월정사 출가학교로 인해 나는 용기를 낼 수 있는 기회를 가졌다. 불공평하다는 세상의 많은 이들이 나처럼 출가학교를 경험할 수 있다면 좋지 않을까. 올해도 지독한 한 해였다. 유난히 아픈 일들이 많았다. 몸과 마음이 지친 사람들에게 위로가 될 수 있는 곳이 있음에 감사드린다. 운명의 이끌림 같은 월정사와의 만남은 내 인생에서 가장 큰 축복이었다.

법경_40기

마음대로 하소

고등학생 시절부터 줄곧 진정한 행복을 찾고 있었다. 맛있는 것을 먹거나 친구를 만나도 그 순간의 행복은 잠시뿐, 마음속에는 풀 수 없는 헛헛함이 있었다. 감각을 충족해도 여전히 느끼는 허전함의 근원을 풀 수가 없었고, 급기야 내 주변 사람들에게 지금 행복하냐, 정말 진심으로 행복하냐고 시시때때로 물었다. 얼마나 쉴 새 없이 물어댔던지 급기야 아버지께서는 "네가 이런 질문을 안 하면 행복하다"고 할 정도였다. 나는 그렇게 행복에 목말라있었다.

행복을 찾기 위해 여러 권의 책을 읽었다. 그러면서 행복은 외부에서 구하는 것이 아닌 내부에서 구하는 것이라는 지극히 당연하지만 놓치며 살고 있는 사실을 발견할 수 있었다. 자연스레 참선의 세계에 입문하게 되었다. 곧 나는 영원한 행복을 찾기 위해 출가를 결심하기에 이르렀다.

고등학교를 졸업만 하면 출가를 할 생각이었다. 하지만 영원한 행복에 대한 존재 여부에 대해 확신이 없던 것인지 나는 어영부영 대학교에 입학했다. 마음 한구석에는 여전히 출가에 대한 생각을 두고, 인터넷에서 검색만 해보다가 월정사 출가학교를 알게 되었다. 출가를 하기 전에 짧은 기간이나마 체험해 보는 것도 좋을 것 같았다.

누구나 그렇겠지만 생각이 행동으로 옮겨지기가 참 쉽지 않다. 새로운 시작을 하기 전에는 이유없이 두려움이라는 감정이 찾아와 갈팡질팡하게 만든다.

그 두려움에 굴복하는 순간 평소와 다름없는 삶을 사는 것일 테다. 지나고 보면 그 두려움이 정말 별것도 아닌데 말이다. 출가학교 입학식 날, 면접인 갈마에서 만난 담당 스님은 많이 힘들거라고 하셨다. 시작도 하기 전에 조금 주눅이 들었다.

다음 날 아침, 삭발식이었다. 남성들은 모두 삭발을, 여성들은 희망자에 한해서 삭발을 진행한다. 나는 애초에 삭발을 하지 않으려고 했다. 삭발을 하면 출가학교가 끝나고 일상생활로 돌아갔을 때 막막할 것 같았고, 무엇보다 스무 살 딸내미가 삭발한 모습을 상상도 못할 것이라 부모님의 걱정 어린 반대도 있었다. 그런데 "여기까지 와서 머리에 집착하는가" 하는 스님의 말씀을 들으니 삭발하고 제대로 출가 경험을 해보자는 생각이 들었다. 온전히 경험해보고 싶었다.

지금 생각해보면 머리를 안 잘랐다면 많이 후회를 했을 것이다. 그동안 얽매였던 모든 일들을 머리와 함께 훌훌 털어버리고 새 출발을 하는 기분이었다.

평소 밤늦게 잠을 청하던 나에게 이른 기상시간은 곤욕이었다. 지난밤의 몽롱한 꿈속을 헤매고 있는 나를 스님의 예불 소리와 목탁 소리가 일깨워준다. 한 구절 한 구절 들려오는 참회문에 나도 자각하지 못한 채 남에게 주었을 상처들을 되돌아본다. 악감정을 갖고 무의식적으로 나온 나의 행동들로 인해 아마도 많은 사람들이 상처를 받았을 것이다. 괴로운 마음으로 백팔배를 마치고 나면 해방감이 느껴졌다.

발우공양을 하다보면 먹고 싶은 반찬이 모자라 못 먹는 경우도 생긴다. 반찬의 양이 제한이 되어 있고 네다섯 명이 정해진 양을 나누어 먹으니 더 그럴 수밖에 없다. 반찬 한 조각이 더 먹고 싶어 탐이 나고 분도 난다. 그럴 때 나는 '반찬 한 조각 더 먹어서 살림살이 나아지셨습니까?'라고 수첩에 적어나가며 나 자신을 질책했다. 그래도 이 음식에 대한 탐심은 어쩔 수가 없나보다.

어느 날 대중공양으로 시원한 수박이 나왔는데 욕심을 부려 많이 먹다가 배탈이 났다. 장염에 걸렸다. 그 후에 더 맛있는 대중공양이 나왔으나 먹지를 못했다. 욕심을 부리면 부릴수록 자신의 손해라는 것을 온몸으로 절실히 느꼈던 순간이다. 이익일거라 착각하며 욕심을 부렸던 내가 결국 스스로를 괴롭힌 꼴이다. 몸이 아팠던 대가로 훌륭한 교훈을 얻었다. 이런 경험이 없었더라면 욕심에 끄달려 자신을 괴롭히며 살고 있을 것이다.

매일매일 여러 스님들의 각자 개성있는 수업을 듣고 있자면 매 수업이 끝날 때마다 너무 아쉽다. 스님들의 강의를 듣고 있다 보면 해박한 지식을 엿볼 수가 있는데 얼마나 열심히 공부를 하신 걸까 생각이 들면서 감탄이 일어난다. 그와 동시에 나도 열심히 공부하여 본받고 싶은 생각이 절로 난다.

강의 도중 행복에 관련된 얘기가 살짝 나왔는데 인간은 행복해지기 위해 살고 행복의 기준은 각자에게 있다는 것이다. 내가 잠시 잊고 있었던 행복, 내가 찾고 있는 영원한 행복은 어디 있을까?

규칙을 어기면 백팔배 참회를 한다. 나도 묵언을 어겨 참회를 하게 되었는데 '운이 없어서 스님한테 걸렸네' 하는 생각이 먼저 들었다. 평소에도 내 잘못은 생각하지 않고 외부 탓을 해왔던 습관 때문이다. 되돌아보면 참 못났다 싶다. 반성한다.

특별한 기억을 꼽자면 요양원에 봉사하러 간 날이다. 어눌

한 말씀에 손을 덜덜 떨며 야윈 어르신들의 모습은 같이 온 여러 행자들의 마음을 울렸다. 젊고 건장하셨을 때가 있었을 텐데 지금은 병이 들어 괴로워하신다.

그 광경을 보고 있는 것만으로도 괴로운데 어떤 어르신께서는 봉사자님이 그 분 옆에 계신 어르신을 마사지 해주니 질투가 나 만류하신다. 또 다른 어르신께서는 점심시간 때 반찬이 더 먹고 싶다고 투정부리며 옆에 분의 반찬을 탐냈다.

인생의 끝자락에서조차 여전히 탐을 내고 질투하는 모습은 충격이었다. 탐내고 질투하는 순간 마음에는 괴로움이 생긴다. 나 또한 여전히 부질없는 눈앞의 탐욕에 눈이 멀어 나 스스로를 고통의 나락으로 빠뜨리고 만다. 누구도 괴롭히지 않는데 스스로가 나를 괴롭히니 정말 아이러니하다.

하도 절을 많이 하다 보니 절을 하는 도중에 쉽게 하는 방법을 찾아냈다. 절을 하다보면 온갖 짜증과 분이 올라온다. 이런 마음으로 계속 절을 하면 몸이 천근만근이다. 하지만 부처님께 감정을 내맡기면 힘이 들지 않는다. 마음속의 온갖 감정들을 '부처님 맘대로 하소' 하고 내버려두면 사랑과 감사의 마음이 저절로 우러나온다.

진정한 출가자의 자세가 무엇일까. 상구보리上求菩提 하화중생下化衆生. 위로는 깨달음, 진정한 자유를 구하고 아래로는 중생을 교화하는 스님들의 보살 정신을 나는 너무 안일하게 생각한 것 같다. 먹고 싶을 때 먹고 자고 싶을 때 자는 것이 아닌 모든 욕망을 초월한 진정한 자유와 행복을 찾기 위한 수행의 모습은 정말 아름답다. 나도 그 행복을 찾을 수 있기를 바란다.

혜운_41기

가질 수 없는 것은 돌아보지 않는다

햇빛 쏟아지는 창가에 앉아서 차를 마신다. 창 밖 황포강엔 반짝이는 물결이 눈부시고 새까만 석탄가루를 산더미처럼 실은 커다란 배가 부웅- 고동 소리를 앞세워 천천히 지나간다. 부지런한 중국인들의 자전거 행렬도 활기차고 세계의 중심을 지향하는 상하이 푸동의 빌딩숲, 아파트 35층에서 내려다보이는 길. 손 흔들어 주는 다정한 친구도 없고 길을 나서도 마땅히 갈 곳도 없다. 이곳저곳 발령지를 따라서 어언 십수 년이다.

조그마한 자동차들이 바삐 지나가고 곳곳에 붉은 오성기가 나풀거리며 개미만큼 작은 사람들. 허공에 떠 있는 거인 같은 내가 무심히 또 하루를 보내고 있다. 나는 누구일까. 내가 있는 이 세상은 어디일까. 세상 속에서 나는, 사람들의 시선에서 한 길만큼 떨어져 있었고, 생각은 그들을 앞질러갔다. 섣불리 말을 건네면 화살촉이 되어 돌아와 내 가슴에 박힐 것 같아 말도 하지 않았다. 알아야 할 것들은 많고 모르면 안 될 것 같은 마음에 닥치는 대로 책을 읽었지만 늘 부족한 거 같았고 그래서 더 많이 접하지만 허기는 더해져갔다.

통창문만 한 접시안테나를 설치해야 겨우 몇몇 채널만 볼 수 있는 한국TV에 매달려 움직이는 그림에 빠져서 지냈다. 비오거나 바람 불면 꺼져버리는 화면에 아이처럼 속상해 하면서 향수병에 걸린 듯 우리나라에 몰두했다.

그때 출가학교의 다큐 프로그램을 일주일에 두세 번 접할 수 있었다. 해외동포를 위한 KBS 위성채널에서 좋은 프로그램

몇 가지를 계속 방영했던 것이 내겐 최고의 행운이었다. 오대산, 월정사, 출가학교… 생소한 신비의 세계가 가보고 싶은 곳, 꼭 가야할 곳, 안 가면 안 되는 곳으로 바뀌어 마음은 월정사를 향해 달려가고 있었다.

S대 합격보다 더 어렵다는 좁은 문을 운 좋게 특채(?)로 통과하게 되어 오대산에 입성했다. 이 기간 동안 추석이 들어있어 여의치 않은 몇 분이 최후에 포기한 자리가 나 무작정 비행기를 탈 수 있었다. 60여 명의 행자님들… 한 자리에 이렇게 많은 친구가 있는 행복감, 푸근함에 오래 묵은 낯가림도 서성거림도 설레는 마음속에 숨어버렸다.

누구에게나 간직하는 자기만의 이야기와 스스로 해답을 구하지 못한 숙제가 있음을 알았고 예기치 못한 일들에 잠시 머뭇거리기도 했던 친구들, 그리고 나. 우리는 하나가 되었다.

어른스님들과 면담을 하는 갈마 때에는 늘 머뭇거리며 살아온 내 모습에 꿈과 현실은 많이 다르다고 말씀하셨다. 오래 보아온 가까운 친구들에게 무수히 들었던 말이었는데 스님께서는 한순간에 꿰뚫어 보신 것이다. 꽃보다 곱고 아름다우시던 정안 스님의 따뜻한 말씀엔 눈물이 쏟아졌다. 자주 찾아뵙지 못했음이 많이 후회가 되는 정안 스님이시다.

늦게 잠 들던 습관에, 새벽부터 촘촘하게 짜인 일정에 처음 얼마 동안은 참으로 고단했다. 그동안의 규칙적이지 못한 생활과 내 몸을 돌보지 못했다는 자책감이 들었다. 처음 해보는 백팔배와 가부좌 자세 등. 헉헉 숨이 차오르고 땀이 솟고 통증에 앉기도 서기도 힘들었다.

별이 쏟아지는 까만 밤에 고달픈 몸을 이끌고 지장암 숙소에 돌아가면 아담하고 깨끗한 황토선방을 따뜻하게 데워 놓으시고 때론 이불도 깔아 놓으시고 뜨거운 쌍화차까지 준비해주신 스님들의 세심한 배려에 여기가 극락임을 깨달았다. 좋은 사람들과 진심 어린 배려와 사랑이 온 방 가득 따뜻했다.

행자 생활의 법규대로 땀에 젖은 옷을 그대로 입은 채로 몸을 누이면 두 눈에서 주르르 흐르던 눈물은 그간에 나름 열심히 살아온 세월에 대한 회한이기도 했고, 앞으로의 삶에 대한 다짐이기도 했다.

내가 태어났을 때 나는 울었고 내 주변의 모든 사람은 웃
고 즐거워했다.

틈 날 때마다 덕행 스님께서 자주 읊어주시던《티베트 사자의
서》일부분이다. 무심코 들었던 구절이었는데 10여 년 지나는
동안 우리가 세상에 태어나는 순간부터 내 삶에 대한 무한한
과제인 듯 여겨졌다.

인생이라는 쓴 잔에, 살아가면서 꽃물도 넣고 사랑도 첨가
하고, 눈물도 빈 마음도 넣고 넣어서 비로소 맑은 샘물로 채우
는 것이 삶이 아닐까. 퍼주어도 퍼주어도 마르지 않는 샘이면
더욱 좋겠고. 한 달 여의 기간 동안 오대산을 감아 흐르는 구름
의 모양처럼 매순간 다른 마음이었다.

자주 내리던 빗소리가 어느새 음악이 되어 가슴을 흔들고
익숙한 친구처럼 여겨지던 그 많은 오대산 까마귀들. 타성이
더 많이 가미되었던 선입견도 편견도 그곳엔 어울리지 않았다.

보궁참배 때, 홀로 한참 뒤처져 헉헉거리던 낙오 행자의 뒤
에서 "다 왔어! 조금만! 아파트 몇 개층이여…" 목소리 우렁차

시고 엄하시기가 호랑이 같으셨던 해운 스님께서 힘을 북돋워 주시며 함께하셨다. 그때 주셨던 호박엿사탕은 해운 스님 생각나는 울컥 눈물이 되었다.

비로봉 산행 때에는 덕행 스님께서 물과 주먹밥이 들었던 내 배낭까지 함께 메고, 뒤에 있으면 따라오기 힘들다며 맨앞에 세워 주셔서 덕분에 겨우겨우 비로봉에 오를 수 있었다. 하지만 나 때문에 지루한 산행이 되었을 행자님들께 많이 죄송하다. 스님의 법의만 넣은 그때의 가벼운 내 배낭은 오래도록 잊혀지지 않는 영광이었고 다른 행자님들겐 부러움과 살짝 시샘이 되기도 했다. 스님들의 사람에 대한 지극한 마음은 오랜 수행에서 일상화 되셨음일까. 존경과 감사가 넘쳐나는 순간들의 연속이었다.

어언 일주일 남짓 남게 되었을 때, 가슴이 메기 시작했다. 천상에서의 한 달, 약속된 날이 다가오고 있는 아쉬움, 그리움과 계속 머무르고 싶은 마음과 속세에 두고 온 가족의 얼굴이 교차했다. 떠나온 지 오래전 일인 듯 어제인 듯 꿈인 듯 생시인 듯 마음이 정처없고 자꾸만 눈물이 차오르고 목이 메고 꿈속에선 울었다. 지용 스님께서 정들이지 말라고, 어떻게 감당하려고 그러느냐시며 끌끌끌 걱정 하셨는데 우리는 정들었고 그 후로도 아주 오랫동안 틈날 때마다 마음은 월정사로 달려갔고, 많이 그리워했다.

스님들께선 100일씩 안거를 하는 동안 정들이지 않으려 하고 헤어질 땐 인사도 없이 각자 제 갈 길을 간다고 하셨다. 주재원 생활에 다음 발령지를 통보받을 때마다 그동안 무수히 익숙해진 머릿속은 덤덤한데 가슴은 쓰라리고 메이고, 걸어 다니면서도 느닷없이 눈물이 흐르는 이별 준비를 경험하면서 스님의 말씀이 생각났다.

집에 돌아온 날, 까무잡잡 산골소녀의 모습으로 어릴 적 표정을 찾아왔다며 주위에선 반가워했고 전과 다른 적극성과 부지런함과, 얼마 가진 못했지만 일찍 자고 일찍 일어나는 새나라의 어린이가 되었다. 까만 새벽에 하루를 열던 월정사에서의 경험이 우두커니 창밖을 보고 앉았던 시간들을 밀어냈고 한결 가벼워진 몸과 마음으로 새로운 일을 할 수 있었다.

처음 만난 사람에게 먼저 다가가 인사를 나누고 스스럼없는 대화에 해도 되나, 안 되나 하는 예전의 머뭇거림도 덜하게 되었지만 월정사 후원 노보살님 말씀대로 '말은 독이다'라는 것도 잊지 않는다. 살다보니 '묵언'이 최상일 때가 많았다. 침묵은 때때로 비겁함으로 매도되기도 하지만 시간이 지나면 최선이었음을 확인하게 될 때도 더러 있었다.

세상과의 어울림 첫 시도로, 아이들을 모아서 수업을 하기 시작했다. 주재원들의 자녀들로 해외에서 이 나라 저 나라 옮겨 다니며 자라오는 동안 정체성도 자아개념도 흔들리곤 해서 대학은 꼭 한국으로 가고 싶다는 아이들과 수학문제도 풀고 그동안 무작정 읽었던 책들을 발판 삼아 논술 수업도 병행할 수 있었다. 아이들과 함께했던 그 시간들이 내 인생에 보물단지로 간직되어 있다.

아직도 '쌤…' 하는 카톡이 들어오면 날 새워 대화하며 그때가 그립다며 아쉬워한다. 지난 여름엔 상하이에서 방학을 맞아 한국에 온 아이들이 우리 집에 와서 하루 종일 수업하며 간식 만들어 먹으며 두 달을 보내고 돌아갔다. 더운 줄도 몰랐고 입이 부르터도 피곤한 줄도 몰랐다. 서로 사랑하는 사람들이 만나면 어떤 경우라도 반갑고 행복하다.

일 년에 한두 번 중국의 긴 휴무 기간 동안엔 여지없이 월정사에 갔다. 몇 달 전에 비행기표를 미리 사놓으면 비행기표가 내겐 부적이 되었다. 그 날을 고대하며 가슴 설레고 하루하루가 활력이 넘쳤다. 날짜가 다가오면 마음이 먼저 월정사로 떠나고 몸은 구름 위를 걷듯 둥둥 떠있었다. 주위와 상관없이 혼자 들떠 있었음이 지금 생각하면 미안한 일이었지만 그때는 월정사로 내닫는 마음을 어찌 할 수 없었고 짝사랑이어도 외사랑이어도 무작정 좋았다.

후원 보살님들과 함께하며 오랜 세월 몸과 마음으로 체득해 오신 경험이 향기가 되어 전해왔고 인생에 대한 폭 넓은 사색과 관점도 덕분에 터득할 수 있었다. 후원 식구들 챙기기 일등이시라는 혜성 스님도 내가 월정사로 달려가는 또 하나의 의미가 되었다. 뵙고 있으면 사소한 걱정거리가 먼지가 되어 훌훌 털어지고 행복해진다.

어느 해인가 한 달여 자원봉사를 마치고 돌아오는 날, 비행기에서 먹으라며 진부에서 일부러 사오셨다며 건네주시던 삼립빵 몇 개를 받아와서 오랫동안 그 보살님의 마음인 듯 바라보다가 결국 먹지 못했던 때가 있었다. 달걀 한 판이라도 삶아주고 싶은데 절에 있으니 어찌할 수 없다며 안타까워하시던 후원 보살님. 비행기에서 기내식을 먹는다는 걸 우겨 말할 수 없을 만큼 사랑이 가득한 고마운 마음이었다. '보고 싶어요.'

자원봉사 때 우연히 비로봉 산행을 함께할 수 있었는데, 행자님 중에 심장 수술 하신 분이 있었다. 산행이 불가능한 분을 직접 만들었다는 지게에 번갈아 태우고 정상에 오르는 모습을 보았다. 다른 어떤 사람들도 흉내 낼 수 없는 우리들만의 무언의 약속이고, 그리고 우리에겐 당연하고 멋진 일이었다. 그때 그 자리에 함께 했었던 일은 다시없을 큰 행운이었다.

중국 생활을 접고 돌아왔다. 가까웠던 사람들과 늘상 오가던 거리와 지하철과, 마당에 초봄부터 꽃처럼 피어나던 울창한 나뭇잎들… 아무것도 남기지 않고 떠나온 그곳에 돌아가야 할 것 같고, 무언가를 두고 온 것 같고, 비행기 보면 내 이름이 찍힌 비행기표가 책상 어디에 있을 것 같은 허전함으로 자고나면 여기가 어디인가 헤멘 시간이 있었지만, 지금은 평화롭다.

달리고 달려도 닿을 수 없는 곳, 아무리 애를 써도 가질 수 없는 것은 돌아보지 않는다. 어느 땐가 누군가를 기쁘게 했거나 나도 모르게 좋은 일을 했거나. 그렇게 해서 우연인 듯 행복이 다가오고 있는 것. 깨어 있어야 보이는 것들이다. 빈 그릇으로 있어야 채울 수도 있음을 지금은 안다.

견도_6기

간절히 기다린 시간

나는 지금 어디쯤 왔을까? 지금 서 있는 곳은 어딘가? 나는 어디로 가고 있지?

가끔씩 나에게 던져보는 질문이다. 출가학교, 내 생에 가장 위대하고, 아름답고, 귀한 인연이다. 정년퇴직을 기념해 먼 곳으로 여행 가자는 퇴직 동기 교장들의 권유를 뒤로하고 나는 월정사로 향했다. 내 마음 깊은 곳에 자리했던 염원이고 다짐이었는지 모른다. 봄의 계절인 4월인데도 월정사의 오대산은 흰 눈으로 덮여있고 깊은 골짜기에서 불어오는 칼바람은 뼛속까지 시려 온몸에 추위가 몰려왔다. 허나 마음은 설렘과 기쁨으로 가득했다. 오랜 방황 끝에 고향으로 돌아온 탕자의 마음이 이러했을까? 내 생에 이런 날이 오기만을 간절히 기다리고 있었던 것처럼.

갈마를 하는 시간이다. 스님들 다섯 분이 앞줄에 마주 앉으셨다. 한 스님께서 나에게 이것저것 물어보시고 손도, 얼굴도 살펴보시더니, 나이가 많아 매우 힘들 것 같은데 중간에 그만두고 집에 가겠다는 얘기를 하지 않겠느냐며 걱정스런 마음을 내보이셨다. 꽤나 힘들어 보이고, 수행하기 어렵다고 판단하신 것 같았다.

얼마나 힘들기에 이렇게까지 말씀하실까 싶어 마음속으로 겁도 났다. 허나 여기까지 오느라 얼마나 마음을 다지고 다졌는데 그냥 물러설 수는 없었다. "절대로 그런 일은 없을 것입니다. 잘 하겠습니다"라고 단호하게 말했다. 어렵게 통과한 것이다. 정말로 그렇게 힘든 것인가? 나는 왜 여기까지 왔지? 두려움과 아쉬움, 설렘과 기대감이 교차한다. 허나 내 나이를 살펴 보신 월정사의 선대 스님들께서 끝나는 날까지 잘 보호해주시리라 생각하고 걱정을 버리기로 했다.

삭발식 하는 날이다. 여기저기서 흐느끼는 소리와 울음소리가 들렸다. 저마다의 깊은 사연들이 있으리라. 삭발을 하고 나니 날아갈 듯 시원하고 상쾌했다. 무명초를 걷어낸 휑한 머리 위로, 맑고 청량한 월정사의 바람이 온몸을 휘감고 가슴 가득 채워진다. 태어나 처음 느껴보는 가장 맑은 순간이다. 아~ 시원하구나! 머리부터 발끝까지, 마음까지 확 뚫리고, 푸른 하늘을 날아갈 듯 가볍고 시원했다.

나는 소임으로 공양간 울력을 택했다. 스님들 공양은 어떻게 만드는지 무척 궁금했던 차였다. 평소에도 절에 가면 설거지를 곧잘 해 공양간과 친한 편이었다. 허나 만만치 않은 일이었다. 음식 만드는 것 거들어야 하고 발우 공양할 준비를 하고, 분배해야 했다. 늦게까지 설거지와 뒷정리해야 하고, 다음 공양할 것 다듬고 준비해 놓아야 했다. 함께 소임을 맡은 도반은 허리를 삐끗 삐어 읍내 병원으로 가야 했으며, 작은 실수도 일어나곤 했다. 비록 힘은 들지만 스님들과 도반들의 공양을 차려드릴 수 있다는 게 기뻤다.

가장 큰 시련은 오후 불식不食하는 것이었다. 그 간에는 오후 불식을 안 했다는데 우리 기수의 찰중스님은 오후 불식을 명하신 것이다. 갑작스레 금식을 하려 하니 모두들 야단이 났다. 배에서 꼬르륵 소리가 나고, 쓰리고 아프고, 특히 오후 6시쯤이면 참을 수 없는 배고픔이 어김없이 찾아와, 정신까지 흐릿해질 정도였다. 허나 힘들다고 어길 수는 없는 노릇이었다.

오후 불식 중 앞선 7기생들이 우유와 초코파이를 가지고 격려차 왔다. 순간 갈등이 일었지만 먹지 않았다. 그 후로도 오후 불식을 지켜나갔다. 이 오후 불식의 계행을 지키려고 하는 마음이 스스로 대견했다. 나도 수행자가 될 수 있는 가능성이 있구나 생각하며 스스로 칭찬했다. 나중에 들린 얘기로는 남자 행자들이 몰래 누룽지를 찾아서 허기를 좀 달랬다고 한다. 오후 불식을 계속하다보니 속도 편해지고 몸도 가벼워졌다. 원망했던 찰중스님이 오히려 좋은 기회를 주신 것이 감사하게 생각

되었다. 연일 강행군이다. 새벽 3시에 일어나 종일 묵언에다 잠시도 쉬지 못하고 꽉 짜인 스케줄에 따라 가려니 심신이 고되고 지쳐갔다. 어느 날 나의 도반 금진 행자가 집으로 가겠다고 한다. 많이 힘들어 했다. 나도 집으로 가고 싶은 생각이 문득 일었다. 허나 한 달 남짓도 못 채우고 가서야 되겠는가 싶어 마음을 다독이었다.

오대로 산행 가는 날은 소풍을 가는 듯 즐거운 날이다. 좁은 산길을 따라 올라간다. 서대 우퉁수의 맑고 시원한 물 그리고 낡은 지붕의 암자에 스님 한 분이 기도하고 계셨다. 눈빛이 형형스러웠다. 북대로 산행하는 날, 간단한 주먹밥과 간식을 챙기고 떠났다. 안개가 뽀얗게 끼었다. 깔그막 고개에서는 도반의 도움을 받으며 올라갔다. 비로봉에서 본 산 속은 그야말로 아름답고 장엄한 화엄의 세계였다. 뽀얀 안개 속에 서로 두런두런 얘기하며 나무들이 잘 어울려 있었다, 작은 나무는 작게, 큰 나무는 큰대로, 풀은 풀대로, 이슬에 젖어 꽃 피우는 소리에 맞춰 산새가 노래하고 색색깔 서로 어울리며 사이좋게 살아가고 있는 연화장 세계였다. 멋진 화엄의 세계! 이게 자비와 평등의 세계가 아닌가. 북대에 도착하여 선방에 피해 없도록 조심조심 움직였다. 다음 생애 이 북대에서 반드시 수행해 보리라 다짐도 했다. 동대에서 아홉 번 솥을 건 구정선사의 얘기도 뭉클했다.

온몸이 아프고 이가 쑤시고 흔들린다. 그러는 찰나에 찰중스님께서 나를 불러 보약 비슷한 탕약을 주시면서 고생이 많다고 위로해주셨다. 감사함에 몸이 좀 가벼워졌다. 아 이 몸뚱이가 문제로구나! 이 육신이라는 것이 얼마나 어렵고 힘들게 하는 존재인가. 수행에 방해가 되지 않도록 몸 조복을 먼저 받는 것이 중요하구나 생각했다.

《금강경》을 목탁에 맞춰서 읽으나, 자꾸 틀린다. 원효 스님의《발심수행장》을 읽고 또 읽었다. 이 대목을 읽을 때면 눈물이 핑 돌다 가슴속으로 흘러내린다.

재물을 아끼고 탐착하는 자는 마구니의 권속이고
자비로운 마음으로 보시하는 자는 법왕의 자식이다.
높은 산 큰 바위 그늘은 지혜로운 사람이 사는 곳이고,

푸른 소나무의 깊은 계곡은 수행자들이 거처할 곳이다.

배가 고플 때는 나무뿌리와 열매로 위로하고,

목이 마를 때는 흘러가는 물로 해결해야 하리.

맛있는 음식으로 몸을 사랑하고 보양해도

결국 이 몸은 허물어질 것이고,

부드러운 옷을 입혀 지키고 보호해도

반드시 이 목숨은 끝나게 되어 있다.

소리를 울려주는 바위굴로 염불당을 삼고

슬피 우는 기러기로 마음의 벗을 삼아야 하리.

절하는 무릎이 얼음과 같더라도

불을 생각하는 마음이 없어야 할 것이며,

배고픈 창자가 끊어질 듯하여도

먹을 것을 생각하는 마음이 없어야 하리.

慳貪於物 是魔眷屬 慈悲布施 是法王子

高嶽峨巖 智人所居 碧松深谷 行者所棲

飢餐木果 慰其飢腸 渴飮流水 息其渴情

喫甘愛養 此身定壞 着柔守護 命必有終

助響巖穴 爲念佛堂 哀鳴鴨鳥 爲歡心友

拜膝如氷 無戀火心 餓腸如切 無求食念

월정사를 뒤로하고 집으로 돌아가는 길, 나를 본다. 삭발한 나, 인욕하고 정진했던 나, 묵언했던 나, 오후 불식했던 나, 마음이 열려 남이 보이기 시작한 나, 월정사의 맑은 기운으로 몸과 마음이 깨끗해진 나. 이 맑은 기운으로 세상살이를 잘 해보리라 다짐해본다. 염려했던 스님과의 약속을 무사히 잘 끝냈다는 성취감으로 발걸음이 가볍다.

지금부터 9년 전 일이다. 같은 기수 중 나이가 많은 행자가 되고 보니 사중이나 도반들에게 걱정 끼칠까 봐 열심히 했었다. 구도 발심하고 인욕수행하며 정진했던 기회를 준 월정사 주지스님을 비롯하여 힘써주신 모든 분들에게 감사하다. 또한 이를 잘 해낸 심향 행자, 나 자신이 뿌듯하다.

잊을 수 없는 것이 있다. 삼보일배이다. 일주문에서 월정사 법당 앞까지, 또 상원사에서 적멸보궁까지 했던 삼보일배! 그 후로도 제야 12월 31일 실시했던 삼보일배에 여러 번 참여했다. 목탁을 치며 진행 팀에 참여하기도 했다. 주지 정념 스님부터 사중의 스님들까지 하얗게 쌓인 눈과 차가운 바람을 마주하며, 빙판 얼음 위에 이마를 대고 삼보일배하던, 경건하고 장엄스런 모습이 생생하다. 그때 찍힌 사진을 소중히 간직하고 있다. 또 백담사에서 설악산 봉정암까지 삼보일배, 이튿날은 비가 내려 십보일배를 하며 올라갔다. 참았던 눈물이 줄줄줄 끝없이 흘러내렸다.

"여종무시이래汝從無始已來 지우금일至于今日에 잘못된 것들 참회합니다. 잘못했습니다, 다시는 그러지 않겠습니다."

이러한 긴 삼보일배 덕분인지 어느 날 갑자기 나에게 큰 이상한 일이 일어났다. 그 뒤로 늘 우울하고 답답하고 무거웠던 마음이 사라지고 모든 것이 아름답고 귀하게 보이기 시작했다.

4월부터 5월까지 월정사의 변화무쌍한 날씨를 잊을 수 없다. 눈이 내리고 칼바람이 부는가 하면 봄의 전령인 봄비와 이슬비가 촉촉이 내리고, 운무가 뽀얗게 끼고, 낮은 구름이 날아다니다 하늘로 올라가고, 티 없는 쪽빛 같은 푸른 하늘이며, 휘

영청 밝은 달은 내 가슴으로 쏙 들어와 지금까지도 환히 빛나고 있다. 새벽녘 그믐달의 적막한 고요함 또한 잊을 수 없다. 그때의 적막함이 주는 고요가 지금도 나를 조용하게 만들어 가고 있다.

지금도 나는 정초가 되면 적멸보궁으로 기도하러 간다. 보궁에 쏟아지는 새벽별들의 반짝반짝 빛나는 환희로운 모습은 극락정토이다. 부처님의 진신사리가 반짝이는 것일까? 우리 기수 행자 중에 세 분이 출가를 했다. 큰스님이 될 것을 기도해 본다. 한번 뵙고 싶다. 나도 다음 생에는 수행자가 되어 구도의 길을 가고 싶다.

심향_8기

잘 살아야 합니다

회사 이직으로 잠시 쉬고 있을 때 TV에서 방송한 〈출가〉. 그 안에 감로 보살님을 보고는 '나도 저기 가야겠다' 생각하고 아빠께 말씀드렸더니 언제나처럼 나를 밀어주시는 아빠. 당시 백수인 내게는 쉽지 않은 참가비를 흔쾌히 내주셨고 잘 다녀오라며 격려해주셨다.

엄마와 함께 버스를 타고 월정사를 향했다. 그때 엄마 마음은 어떠셨을까? 정말 딸을 출가시키는 마음이셨겠지…. 늘 엄마 말을 잘 듣던 딸이 대학에 가서 처음 반항을 하고 남자 문제로 엄마와 다툼도 하고 그래서 이래저래 속상한 게 많으셨을 거다. 결혼해 아이를 낳고 키우며 나도 엄마가 되니 이제 그 모습에서 엄마의 마음을 읽는다.

참 힘들었던 처음, 그래도 묵언 속에 눈빛으로 마냥 좋던 참 맑은 동생 도반들. 유난히도 머리가 예쁜 대학생 그 아인 담담히 삭발을 하며 어린 나이에도 절이며 모든 걸 참 잘하는 우리 11기의 꽃이었다.

일향. 사회에서도 가끔 보면 그 아인 그때처럼 그저 수줍게 나를 보며 웃는다. 사회에 나와 보니 도반처럼 좋은 관계가 없다. 그냥 좋은 사이. 그 아이를 보면 맑던 그때 내 모습이 보이는 것 같아 좋다.

그 아이도 이제 엄마가 되어 나와 같은 길을 걷고 있다. 새벽을 잘 모르던 내가 새벽빛을 사랑하게 만든 월정사 출가학교. 늘 주어진 길로만 살던 내가 어떻게 살아야 할지, 인생의 고苦가 무엇인지 처음으로 알려준 귀한 시간이었다.

과연 부족한 저 남자가 맞을까? 고민하는 내게, 당시 참 많이 싸우던 남자친구는 일요일 혼자 몇 시간 걸려 월정사에 와서 내 뒤에서 그냥 미소 한 번 짓고 가기도 했다. 지금의 신랑이다. 내가 있는 곳을 그저 느끼고 가기만 할 수 있는 저 사람이면 괜찮겠다. 평생을 함께 할 만한 사람이라는 마음이 생기게 해준 감사한 곳이기도 하다.

잘 살다 갑니다. 우리 이생에 참 좋았습니다. 내가 내 아이에게 줄 수 있는 건, 세상을 살아가는 밝은 지혜와 맑은 모습뿐입니다. 그 아이에게 부끄럽지 않게 살려 정말 노력했습니다. 자랑스런 엄마도 있지만 엄마의 약한 모습도 감싸 안아줄 수 있는 내 아이가 되었음 좋겠습니다. 세상의 아픔을 포용할 수 있는 넓은 마음을 가진 아이가 될 것입니다. 잘 살아야 합니다. 미리 간 사람들이 더 잘 살 수 있는 몫까지 대신 살아주고 있는 오늘입니다. 항상 열심히 소중히 살아주세요. 사랑합니다. 다음 생에 더 반갑게 만나기로 해요. 저 먼저 갑니다. 2007. 1. 29

결혼 전 내 아이에게 써보았던 유언장이다. 그때는 그런 마음이었다. 결혼 후 아이를 낳아 키우다 갑자기 찾아온 우울증에 힘들어 할 내가 아니라, 지금 별거 아닌 일로 화내고 있는 엄마가 아니라, 아이에게 밝은 지혜를 주기로 했었다. 그래, 다시 마음을 되잡아야겠다.

내가 출가학교에 다녀오고 일 년 뒤 언니가 출가학교에 참석했다. 언니는 참 좋아했었다. 그 언니가 지난 2014년 갑작스런 교통사고로 세상을 떠났다. 월정사는 자식을 먼저 보낸 부모님이 마음 추스르며 찾을 수 있는 곳이 되었다. 그 허함을 달랠 수 있는 전나무길과 월정사의 하늘이 있다. 아버지는 하늘로 띄우는 편지를 쓰셨다.

> 네가 수행하며 한 달을 보내던 월정사, 삼보일배하며 정진하던 전나무 숲, 초록색을 띈 계곡의 물을 보며 네 생각을 했다. 네가 가고 우리가 가도 세상은 아무 일도 없다는 듯이 돌아가고 있을 것이다. 그런데 슬픔, 걱정이 무슨 소용이 있느냐? 자연의 이치, 순환의 원리, 인연의 진리를

다시 배우고 되씹으며 슬픔에서 벗어나려 한다.
네가 좋아하던 해거름 전망대에 네 유골을 안고 인사갔다. 그날도 잔잔한 파도가 시꺼먼 돌들 사이로 계속 부딪치고 있었고 파란색과 초록색 바다가 보이고 멀리에는 배들이 떠있었다. 너에게 뻥 뚫린 듯한 시원함을 주는 바다. 너는 바다를 무척 좋아했지.
많은 사람들의 휴식처가 되어준 그곳. 우리의 인연이 여기까지밖에 안 되나보다. 장녀이면서도 부모에게 제대로 못해드린다면서 늘 죄송하게 생각했던 너, 겁이 많으면서도 자존심이 아주 센 아이, 전화하면 '네, 아빠' 하던 그 목소리, 집에 오면 아무 데도 안 나가면서 청소하고 큰 이불까지 빨아주던 너, 생활에 쪼들리면서도 귤, 콜라비 등을 넘치게 보내주는 그 마음.
엄마 아빠는《금강경》과《무상게無常偈》를 읽고 있고 사경을 마쳤다. 네 덕분에 우리가 공부를 다시 시작하는구나. 고맙다. 그날 얼마나 놀랐겠니? 이생에서 고생한 것 다 벗어버리고 좋은 곳으로 가거라. 자식이 먼저 가면 부모의 가슴에 묻는다고 하지만 우리는 부처님을 믿으니 이제는 더 이상 슬퍼하지 않고 네가 좋은 곳으로 가기를 빌어본다.
이제 그만 너를 보내주려 한다. 잘 가거라. 다음 생에는 공부하기 좋은 곳으로 태어나서 성불의 길을 빨리 갈 수 있게 태어나라. 무진이도 착한 딸.
나무석가모니불 나무아미타불

뒤늦게 언니 방을 정리하며 월정사에서 적었을 유언장을 찾아보지만 아쉽게도 없었다. 너무 급하게 간 언니, 너무 빨리 간 언니를 위로할 따듯한 월정사가 있어 다행이다. 부처님의 가르침을 배운 언니니까 잘 찾아가리라 믿는다.

명덕_11기

머무름 없이 이어지다

20대 초반 군복무를 하며 처음으로 종교 행사로 절에 갔다. 전에 절은 나에게 그냥 소풍 장소, 관광지였지만 군대에서는 유일한 마음의 안식처였다. 하지만 대대 인원 중 절에 가는 인원은 한 명도 없어 막내 병사가 혼자 갈 수 없는 상황이었다. 대대 선임들이 한 명씩 돌아가면서 나를 인솔해주었다. 그렇게 나는 불교에 입문하게 되었다.

당시 불교에 대해 아는 것은 '부처님'이라는 한 단어뿐이었다. 다른 것에 대해 배워본 적도 들어본 적도 없었다. 그래도 법당에 가면 무언가 모르는 편안함이 밀려왔다. 자연스럽게 일병 진급 후 불교 군종병이 되었고, 주말에 휴가 나가는 것보다 군 법당에서 주말 법회 준비와 봉사활동 하는 것이 더 즐거웠다. 그런데 어느 날 외부 봉사 단체인 보살님 모임에서 자신의 돈을 모아 군장병들에게 간식 공양을 나눠주는 모습을 보았다. 내 눈에 비추어진 보살님들의 미소에서 여러 생각이 들었다.

'어떻게 자신의 것을 내어주면서 저렇게 행복한 표정을 가질 수 있지?', '나는 내 것을 타인에게 나눠주며 행복했던 적이 있었나?' 나는 더 가지려고만 했지 나누면서 행복을 느낀 적이 없었던 거 같았다. 그날 저녁 《법구경》을 보다 가슴 속에 들어온 한 구절이 있었다.

잠 못 드는 사람에게 밤은 길고
피곤한 나그네에게 길이 멀 듯이
진리를 모르는 어리석은 사람에겐

'나는 어떻게 살아왔지?', '나는 어디로 가는 거지?', '그럼 나는 누구지?' 스물한 살의 나는 그때까지 한 번도 해본 적이 없는 고민을 하기 시작했다. 그러면서 앞으로 어떻게 살아야 할지도 생각해보았다. 지금까지 그래왔듯이 그냥 돈 걱정만 하면서 살아가야 할 것인지 말이다.

궁극적인 답은 찾을 수 없었지만 확실한 것은 지금 불법佛法을 알고, 불행佛行을 해야 한다는 것이다. 조금씩 시간이 흘러 전역이 다가올 즈음 나는 이전과 다른 사람으로 변해 있다는 것을 느낄 수 있었다. 아니 계속 발전하고 있다는 표현이 맞을 것 같다.

그렇게 전역을 앞두고 사회에 진출하기 전 부처님 가르침을 더 깊이 배울 수 없는지 생각하고 있을 때 주변에서 월정사 출가학교를 권해주셨다. 나는 전역 날, 출가학교에 지원했다.

출발 전날 어머니께서 말씀하셨다. "꼭 강원도에 가야겠니?" 너무 불교에 흠뻑 젖어있는 것이 아닌가 걱정한 모습이셨다. 하지만 나에게는 가장 중요한 시기라고, 가봐야겠다고 말씀드렸다. 출발 직전에 부모님께 삼배를 드리고 월정사로 발걸음했다.

입산 후 면접 갈마 때, 스님께서 한 가지 질문을 하셨다. 가치관이 무엇이냐는 질문에 또 다시 한 번 생각에 잠겼다. 그러면서 계속 머릿속에 떠돌았다. '내 가치관이 무엇이지?' 군대에서 어떻게 살아나갈 거라는 의문을 가졌지 답을 얻지 못했는데, 또 다시 고민 아닌 고민을 하기 시작했다.

그러다 갑자기 이런 생각이 들었다. 불법 수행을 더 알아가고, 초발심자로써 기반을 잘 잡기 위해 발심했으니, 초발심자에게 어떤 마음이어야 하는지도 행자 생활하면서 더 알게 되었다. 나는 한마디로 '라디오'라고 표현했다.

볼륨을 키우는 것보단 주파수를 맞추는 것이 초발심자에게 가장 중요하다는 것을 느꼈다. 우리는 천차만별의 차원과 다양한 사람들과 어우러져 살아간다. 그 삶 속에서 사실 정답은 없다. 내가 맞다고 할 수도 없고, 또 틀렸다고 할 수도 없는 것이다. 하지만 항상 배우는 자세로 하심下心해야 한다는 것은 수행자의 마음가짐이라는 것을 알았다.

그렇게 앞으로 내가 살아가면서 내 마음 속에 품고 살아나갈 가치관을 정립했다. '세상에서 배워라. 그리고 그곳에서 실천해라.' 우리는 교육을 의무처럼 여겨왔고, 또 그렇게 배워왔다. 잘 생각해보면 꼭 학교에서만 배우면서 살고 있지는 않다. 생활 어디서든 어떤 곳에서든 많은 것을 배울 수 있지만 놓치며 살아간다. 풀 한 포기, 벌레 하나만 봐도 나에게 스승 아닌 게 하나도 없다. 그 배움을 가지고만 있을 게 아니라 알맞게 실천할 수 있어야 한다고 생각한다.

사회생활에서도 많은 사람들은 성공한 사람들의 생각과 그 사람의 노하우를 배우려고 한다. 하지만 꼭 성공하는 사람만이 배울 것이 있는 것인가? 성공한 사람은 삶의 지름길을 가르쳐 주지만 지금 순간 실패를 맛보고 있는 사람은 우리에게 쉬어가는 법 혹은 돌아가는 법을 가르쳐 주고 있지 않는가.

선행을 보고 배우는 것도 중요하지만 악행을 보면서 물들지 않는 마음으로 여여하게 가는 것이 수행이라고 우리는 배워왔다. 출가학교의 행자 생활은 앞으로 삶의 방향에 빛을 비추는 등대와 같았다.

회향식 날 학교장스님께서 그러셨다. "출가학교 졸업생들은 어딜 가든 남들보다 더 돋보일 겁니다." 그렇게 다시 고향인 전라도 영암으로 돌아갔다. 어렸을 때부터 자라왔던 곳이 조금 더 색다르게 보였다. 한 공간을 바라보더라도 내 마음의 차이에 따라 모든 것이 다르게 보인다는 생각이 들었다.
고등학교 졸업 후 바로 취업 나갔다가 군대 전역해서 그런지 또 다른 일을 시작해야 할 때, 큰아버지께서 일을 도와달라고 하셨다. 서비스 판매직이었는데, 하루 종일 사람들과 대화 나누면서 스포츠 용품을 판매하는 일이었다.

나는 회의감이 들었다. 얼마나 더 가져야 풍요로운 것인가. 자신밖에 모르는 삶이 너무 싫었다. 그런 나날이 계속되던 중 대학교 진학을 해야겠다고 마음먹었다.

많은 것을 가지는 것보다 어딘가에 더 보람되는 삶이 되어야겠다는 생각에 호남대학교 사회복지학과에 입학을 결정했다. 실업 계열 고등학교에서 성적도 그리 좋지 않았던 학창시

절 모습에 조금 걱정되는 부분도 있었지만, 출가학교 때 더 집중해서 들으려고 무릎 꿇고 법문을 들었던 내 모습이 떠올랐다. 그때 그 마음처럼 하면 못할 게 없을 거라는 생각으로 공부했다. 그런 결과로 1학년 1학기 때 132명 중 12등, 2학기 때 135명 중 2등을 하게 되었다.

'못하겠다', '두렵다'라는 마음이 아니라 '할 수 있다'라는 한 생각이 이렇게 발현하는 것을 보고, 더 자신감이 생겼다. 그렇게 배운 것으로 더 나아가 지역에서 도움되는 사람으로 살려고 노력했다. 그 덕분에 3학년 때 한국지도자육성장학재단에서 선발하는 한국지도자장학생 100명에 선발되고, 42기 전국회장을 맡게 되었다. 그 다음해에는 지역 환경리더로 시장 표창을 받게 되었다. 지금도 나는 더 큰 꿈을 꾸며 살아가고 있다.

공부도 계속해서 강원도 춘천 한림대에서 생사학生死學 석사 과정 중이다. 부처님은 고통의 굴레를 벗어나기 위해 출가를 하셨고, 삶 속에 죽음의 두려움과 고통에 대해 말씀하셨듯이 많은 사람들이 그 위대한 가르침을 배울 수 있고, 또 고통받지 않게 하기 위해 심부름 중이다.

대학교에 진학하겠다고 했을 때도 큰아버지께서 후원해주셨고, 3학년부터는 국가 장학생이 되어서 국가에서 등록금을 지원해주었다. 지금은 생사학연구소에서 연구 조교를 하면서 등록금 장학 혜택을 받고 있다. 어려운 형편이지만 할 수 있는 것을 할 수 있도록 해주는 많은 분들이 계신다. 지금도 형편이 어렵지만 이렇게 내가 배울 수 있는 것은 또 어딘가에 도움과 희망을 주기 위해 배우고 있다고 믿는다.

그래서 나는 행복한 빚쟁이다. 많은 빚을 지며 살고 있지만 이 빚이 빛이 될 때까지 끝없는 길을 걸어갈 것이다. 모두가 행복해지는 그날까지.

청법_17기

지탑일기

오대산 월정사 출가학교를 졸업한 많은 선후배 행자님들은 다종다양한 이유로 행자 생활을 경험하게 된다. 나 역시 그랬다. 그저 평범한 직장인이었던 내가 월정사 단기 출가학교에 인연이 되어 입학하게 된 계기는 내가 생각하고 있던 불교적인 삶에 '화룡점정'을 찍고 싶었기 때문이다.

원래 종교는 없었다. 집안이 그랬다. 그런데 우연히 동국대학교에 입학하게 되었고 그때부터 불교와 나와의 뗄래야 뗄 수 없는 운명 같은 인연은 시작된다. 영화연출을 전공한 나는 영화감독이 되면 어떤 영화를 찍을지 고민하다가 한국적인 영화, 이를테면 임권택 감독처럼 한국의 미를 보여주는 영화를 만들고 싶었다. 하지만 한국 문화에 자신이 없었는데, 학창 시절 해외 생활을 했기 때문이다. 해외 나가면 모두 애국자가 된다는데 그것은 틀림없는 사실이다. 괜히 외국인들을 만나면 조그만 나라인 한국을 자랑하고 또 소개하고 싶어진다. 나 역시도 그랬다. 하지만 한국에 돌아와서는 해외생활로 인해 한국 문화를 많이 안다고 자부하지 못했다.

동국대학교에는 〈자아와 명상〉이라는 수업이 있다. 불교학교이기 때문에 그 수업을 수강해야 졸업이 가능하다. 원래 종교에 대한 특별한 거부감이 없어 스님의 말씀을 듣기는 들었다. 그런데 어느 순간 알아차린 것이 있었으니 바로 '불교 문화가 곧, 한국 문화'라는 것이다.

결국 그때부터 불교적인 철학이 담긴 영화를 찍고 싶어졌고 〈자아와 명상〉 수업을 더욱 열심히 들었으며 함께 수업을 듣는

학인 스님들의 모습도 유심히 지켜보게 되었다. 불교 관련 영화나 다큐멘터리 책들도 많이 보았다.

많은 사람들이 이런저런 이유로 불교와 인연이 되지만 나 같은 경우 한국 문화에 대한 갈증 또는 영화 소재 찾기 정도의 관심이었다. 그리고 대학교 1학년 때 부산국제영화제에서 본 〈삼사라The Samsara〉라는 영화가 내 생각을 더욱 확고하게 해주었다. 영화 배경은 티베트이지만 영화를 만든 자본과 제작사는 유럽인 영화다. 영화를 보고는 '어째서 동양 정신이 깃든 영화를 서양인들이 만들 생각을 했을까?' 하는 생각이 들었다. 안타까웠다.

졸업 후 첫 직장으로 불교TV에서 일하게 되었다. 여러 이유가 있었고 불교 영화는 찍지 못했지만 불교 관련 일도 계속하고 전공도 나름 살리는 일이라 생각했다. 불교 관련 방송국이다보니 매주 전국의 사찰을 돌아다닐 수 있었고 유명한 스님들도 직접 만나 뵐 수 있었다. 시간이 빌 때는 집 근처 선원에도 열심히 나갔다.

그러던 중 우연히 출가학교 다큐멘터리를 보게 되었고 언젠가 가야겠다고 마음먹었다. 그때까지도 내 인생이 불교와 인연이 깊다고만 생각했었는데 1년 동안 유학 갈 일이 생겼다. 출국 전 남은 시간에 이왕이면 불교 문화를 직접 접해보고 싶었다. 그렇게 월정사 출가학교에 신청했다. 거창하게 인생에 어떤 뜻이 있었다거나 집안에 우환이 계기가 되었던 것이 아니다. 단순히 불교적인 삶에 내 인생을 적시고 싶었다.

다큐멘터리를 봤기 때문에 일정이 어떻게 진행될지는 예상했었다. 담배도 술도 하지 않고 원래 고기를 굳이 찾아 먹지 않는 터라 음식도 맞을 거라 생각했다. 나름 이유를 가지고 입소했지만 수행정진을 하는 데 있어 도반은 참 좋은 수행 벗이었다. 묵언수행을 하고 싶은데 자꾸 말 시키는 행자, 밖에서 사탕을 몰래 가져와 나눠주는 행자, 심지어 담배를 몰래 피던 행자까지 있어 당시에는 '비싼 돈 내고 와서 왜 저런 행동을 할까?' 하고 이해할 수 없었다. 하지만 지금 생각해보면 그들의 모습을 통해 나를 보았고 더욱 더 훌륭한 마음공부를 할 수 있었던 계기가 되었던 것 같다.

아직도 찰중스님과 전국 방방곡곡에서 우리 행자들을 위해 법문을 하러 오신 스님들의 말씀들이 생각난다. 태어나서 처음 삭발하고 거울 앞에 섰을 때 내 모습을 보고 깜짝 놀란 기억도 있다. 그때는 진짜 내가 내 모습을 보고 뭔가를 깨달은 줄 알았다. 그 정도로 강렬했다. 하지만 한 달 동안이다. 이왕 여기까지 왔으니 스펀지처럼 빨아들여야겠다는 생각뿐이었다.

선원에도 다녔기 때문에 생활이 완전 생소하지는 않았다. 그래서인지 말없이 솔선수범하는 내 모습을 보고 남자 행자들은 출가할 거냐고 물었다. 출가학교는 행자 체험 프로그램이라 졸업 후 바로 출가할 수 있는 기회가 주어지기 때문이다. 열심히 프로그램에 맞춰 교육을 받으면 출가를 해야겠다는 발심이 생기는 것이다!

내 인생의 영화 〈삼사라〉에도 이런 대목이 있다. "한 방울의 물이 마르지 않으려면 어떻게 해야 하는가?" 그 방울을 바다에 던지면 되는 것이다. 나도 어느 순간 출가를 고민하고 있었다. 체험만 하려고 왔는데 전혀 예상하지 못한 나의 모습이었다. 나의 고민을 알고 계셨는지 벽을 보며 가부좌를 틀고 고민하는 나에게 찰중스님께서 지나가는 말로 "고민하지 마세요"라며 한마디 하신다. 어떤 의미였을까 너무 궁금했다. 물어보면 답을 찾을 수 있지 않았을까? 하지만 '이뭣꼬' 화두처럼 결국 내가 해결해야 할 문제였다.

새벽 3시에 일어나 저녁 9시까지 이어지는 일정은 힘들기는커녕 매우 즐거웠다. 자연 속을 거닐며 나는 누구인가, 어디서 왔는가를 생각하는 것이 너무 행복했다. 공양시간은 또 어떤가. 쌀 한 톨 한 톨에 그렇게 깊은 의미가 있을 줄을 모든 것이 첨단화된 세상을 살아가는 현대인들이 알고 있을까?

이 밖에도 전나무 숲길 포행, 오대산불교문화축전, 졸린 눈을 비벼가며 참여했던 새벽예불, 오대산 등산까지 다양한 프로그램을 통해 출가학교의 매력에 빠질 수 있었다. 시간이 흘러 졸업식 전날 삼천배를 하고 드디어 졸업하는 날이 왔다. 찾아오는 이 없이 혼자 일주문을 나서며 다짐하고 또 다짐했다. 방하착放下着하며 살자고.

한 달이라는 시간은 짧다면 짧고 길다면 길다. 누구에게나 소중한 시간이지만 나에겐 더 없이 특별한 시간이었다. 매달 월정사 관련 소식지를 받아볼 때마다 그때 그 시절로 돌아간다. 특히 참가자들의 체험 수기를 읽을 때도 그렇다. 모르는 사람이 읽으면 똑같은 이야기라고 말할 수도 있지만 이들에게는 각자 인생에 있어 매우 특별한 경험이었다는 것을 잘 알기에 격하게 공감할 수밖에 없다.

지금은 사회에 나와 평범한 직장인으로 지내지만 나름 출가학교에서 배운 것들을 실천하려고 노력한다. 한때는 스님들께서 해주시던 좋은 말씀들이 사바세계에 살고 있는 우리들에게는 아무런 소용이 없는 것처럼 생각되기도 했다. 정글 같은 세상에 살아남아야 하는데 스님 말씀처럼 했다간 손해를 보는 게 불 보듯 뻔하지 않을까 해서였다. 하지만 아니다. 오히려 사바세계가 불교를 공부하고 실천할 수 있는 최고의 환경이다.

벌써 6년이라는 시간이 지났다. 그래도 강원도 근처에 일이 생겨 방문하면 출가학교 시절을 떠올리곤 한다. 일주문에서부터 석가모니불 정근을 하며 삼보일배한 기억, 발우공양, 백팔배, 묵언수행 등 아직도 너무나 생생하다. 그때의 좋은 기억들을 영원히 간직하기 위해 당시 매일 쓴 일기를 책으로 만들었다. 나만의 책《지탑일기》는 가장 아끼는 보물이다.

지금은 모두 바쁘게 각자 생활을 하는 우리 '지'자 돌림 행자님들, 함께 수행 후 출가를 택하신 행자님들 어디서 무엇을 하시든 참 좋은 인연이었고 늘 행복하셨으면 좋겠다.

지탑_18기

다시 태어난 마음

어느 해 가을 유난히도 청명한 높은 하늘을 바라보며 마음은 설렘으로 들떠 있었다. 이틀 후 붉게 물들어 있을 설악산의 원정산행을 앞두고 이것저것 준비하느라 바쁜 일들을 대강 마치고 오후에 K병원 예약시간에 맞추어 갔다. 며칠 전 건강 검진한 결과를 보는 날이라 아무 생각 없이 담당 의사 선생님을 찾아뵈었다.

남들처럼 평범하게 맞벌이 하며 가정을 꾸리고 살던 나는 종교생활도 가까이할 시간도 없이 훌쩍 마흔을 넘어버린 중년이 되었다. 그리고 갑자기 유방암 초기 선고를 받았다. 나에게 왜 이런 일이. 이렇게 죽음의 문턱에 닿을 줄이야. 파랗던 하늘은 검은빛으로만 보이고 만산홍엽은 내겐 눈물로 얼룩진 핏빛으로 다가왔다. 밤새 울고 또 울었다.

남부럽지 않게 살던 우리 부부에게 위기는 어느새 아주 가까이에서 나를 시험하고 있었다. 몇 해 전 남편의 외도로 서로 간의 신뢰가 무너지면서 가정불화가 시작되었다. 부부 사이는 점점 더 냉랭해지고 급기야 남편의 폭력에 법원을 오가며 우리 부부는 오랫동안 법정 싸움을 했다.

서로 배려가 없다보니 부부 간의 싸움으로 그쳐야 할 것을 집안 다툼에 몸싸움까지 이어져 궁지에 몰리고 벼랑 끝에 선 나의 선택은 타협이 아닌 이혼이었다. 그것만이 살 길이라고 생각했다. 시댁 식구들의 집단 주거 침입으로 나는 빈 몸으로 슬리퍼만 신은 채 집을 나와 오피스텔에 잠시 머물렀다. 당시 고3이었던 큰아들을 고시텔로 피신시키고 초등학생인 둘째아들은 어학연수 명목으로 필리핀에 보낼 수밖에 없었다.

이런 갈등을 겪으며 앞으로 힘든 나날들을 어떻게 헤쳐나가야 할지 암담했다. 서럽고 창피한 마음만 들고 자존심도 상하여 친구들은 물론 친척 지인들 그 누구도 만나지 않았다. 보고 싶지 않았다. 어떻게 죽어버릴까, 수백 번 수천 번 죽고 싶은 마음만 들었다.

어떻게든 살아야 하는데 싶다가도 하루이틀 쓸쓸하게 외로움을 견디고 있다 보면 앞길이 보이지 않았다. 우울증으로 수많은 밤을 잠 못 들고 괴로워하다 결국 다량의 수면제를 입에 털어 넣었다. 꼬박 만 하루를 병원에서 보내고 나서야 정신이 번쩍 들었다.

두려움 속에서 조용히 정리를 해야겠다는 마음이 일었다. 컴퓨터 앞에 앉아 유서를 쓰며 무엇부터 정리해야 할까 순서를 정하는데 아직 어린 둘째아들이 눈앞을 가렸다. 그러다 우연히 눈에 들어온 것이 오대산 월정사 출가학교 모집 문구였다.

그날로 보따리를 쌌다. 한 달여 기간 마음 정리도 할 겸 속세와의 모든 인연을 끊고 어쩌면 영원히 돌아오지 못할지도 모른다는 생각을 하면서. 출가학교 입교식 후 삭발식 때 60여 명 중 절반 이상의 도반들이 삭발하는 모습을 보면서 나 역시 눈물로 뒤범벅이 되었고 첫 마음의 굳은 결심으로 잘 견디어 보리라 다짐했다.

아침잠이 많고 게으른 난 새벽 3시 반에 일어나 소리 없이 묵언으로 하루를 시작하는 것이 가장 힘들었다. 손발이 꽁꽁 얼어 반 동상에 눈썹이 얼어붙을 정도로 극심한 추위에도 별다른 보온조치 없이 짜인 하루 일과에 잠시 잠깐 속세의 생활들을 떠올릴 겨를도 없었다.

종교생활도 모르는 채 무작정 입교하여 나 자신을 시험하겠다고 온몸을 혹사시키며 엄격한 규율 속에서 단체생활을 하려니 너무나 힘들었다. 화장실에서는 편하게 대소변도 볼 수도 없었다. 변비에 시달리다 일주일 만에 해소를 할 정도로 긴장된 나날들이었다. 밤에도 소변을 여러 번 봐야 하는 나에게는 잠자는 시간에 화장실은커녕 부스럭거리지도 못하는 것이 큰 고통이었다.

새벽부터 꽉 짜인 하루 일과 속에 행복과 불행이란 너무나 간단했다. 배부르면 행복하고 잠자는 시간이 달콤했다. 새벽이슬 맞으며 눈 쌓인 전나무 숲길을 포행하면 자연에 감사함을 느꼈다. 하늘과 바람 그리고 나무들 사이로 보이는 것들, 보이지 않아도 들리는 것들, 새소리와 나뭇잎 흔들리는 소리, 차가운 공기를 마실 수 있음이 너무나 감사하고 행복해 소리 없는 눈물을 참 많이도 흘렸다.

속세에서의 생활들을 떠올리면 불행이 따로 없었다. 생각만으로도 너무나 억울하고 분통이 터져 또 눈물이 흘렀다. 눈물이 흐르고 또 흐르고 평생에 흘릴 눈물을 다 흘리는 것만 같았다. 그래도 포행을 하고 절을 하면서 미움과 원망, 증오심으로 뭉쳐진 돌덩이 같은 가슴의 멍울들이 차츰 녹아내리는 듯했다. 제대로 된 절을 한 번도 해보지 않았던 나지만 도반들과 함께 백팔배도 오백배도 따라할 수 있었다. 묵언 아래 조용히 눈빛으로 서로의 마음을 주고받으며 출가학교 생활에 적응되어가고 있었다.

도반들과 함께한 '서로 부처되기' 시간은 정말 특별한 경험이었다. 모두가 나름대로 아픈 사연들을 안고 온 도반들이기에 같이 절을 하면서 눈물바다가 되었다. 참회의 눈물, 감사의 눈물, 그리고 새롭게 태어나야겠다는 각오의 눈물이었을까.

발우공양과 불식不食 기간은 나 자신을 되돌아보는 시간이 되었다. 늘 먹을 것이 풍족하여 낭비하며 살아온 세월들을 참회했다. 배고픔의 서러움을 처음 느끼며 나는 어쩌다 따스한 내 집과 내 가족을 두고 이곳까지 흘러와 고행을 자초하는 것일까 많이도 생각했다.

그렇게 한 맺혀 울분 속에 지냈으면서도 남편과 내 아이들이 가장 먼저 떠올랐다. 보고 싶었다. 전화는 물론 우편이나 면회 등 모든 사생활이 금지된 생활이 힘들고 외로웠지만 작은 사탕 하나에도 행복해 할 만큼 감사한 시간들도 많았다.

상원사에서 사자암까지는 좋은 날 그냥 걸어도 힘든 산 비탈길이었다. 그 길을 한 겨울 꽁꽁 얼어 눈 쌓인 위로 삼보일배로 올라가면서 나의 불심은 싹이 트고 있었다. 습의스님의 구령에 맞추어 우리 모두는 하나가 되었다. 석가모니불 석가모니불 석가모니불….

행자 생활 열흘이 지나서야 새벽예불에 하는《반야심경》,《천수경》의 글귀가 눈에 보이고 귀에 들려왔다. 탐진치貪瞋癡 깊은 뜻을 배우며 매일 조석으로 백팔배와 오백배를 하며 참회와 하심을 배웠다. 출가라고 했지만 난 가출을 한 것이고 현실도피라는 생각이 들었다. 산속에 들어가면 마음 편하게 지낼 줄 알았는데 속세에 사는 것이 이보다는 더 편하겠다 싶었다. 미처 생각지 못했던 스님들의 생활이 존경스러웠다.

큰스님들의 법문을 들으며 어느 순간 나는 그토록 미웠던 남편에게 미안해졌다. 아이들에게도 너무나 미안해 편지를 쓰기 시작했다. 집으로 돌아가면 잘 해야겠다는 각오가 생겼다. 나보다 더 힘든 상황에 처한 도반들의 이런저런 얘기를 들으며 위로를 받고 다시 한 번 열심히 살기를 기도로 다짐했다.

자만과 오만으로 살아온 지난날을 참회의 눈물로 부처님 앞에 절을 하면서 오직 한 가지 '사는 날까지 마음 편하게 살게 하여 주소서' 하며 기도했다. 마지막 날 밤을 새워 삼천배를 하며 무사히 출가학교 생활을 마치고 회향할 수 있었다.

돌이켜보면 가정불화에 건강까지 잃으며 힘든 시기를 보냈던 때가 엊그제 같은데 벌써 꽤 많은 세월이 흘렀다. 내 삶에서 가장 힘들었던 시기였지만 출가를 체험하면서 새롭게 태어날 수 있었고 부처님도 알게 되어 지금의 생활에 너무나 감사하고 행복한 마음이다.

이것을 계기로 불교에 관심을 갖게 되었고 집에 돌아온 후에 조계사에서 기본 교육을 마치고 집 근처에 있는 절에 다니며 열심히 공부하고 있다. 지난 2년여 기간의 병원 투병생활을 하면서 힘들 때마다 사경을 하고 부처님의 말씀인 경전을 읽으며 '관세음보살 관세음보살' 되뇌면 번뇌도 사라지고 또한 하심하는 마음으로 매 순간이 감사하게 다가옴을 느낀다.

잠시나마 한때 삶을 포기하려고 했던 일들을 참회하며 남편과는 몇 년간 별거 후 지금은 다시 재결합해 어떻게든 열심히 살아야겠다는 마음으로 최선을 다해 살고 있다. 이혼 후 재결합 그리고 암 선고 후 5년이 지난 지금 부처님의 가피 속에 감사함으로 절에 공부하러 가는 날이 기다려진다.

벼랑 끝에선 사람들에게, 삶에 지쳐있는 사람들에게 또는 새로운 도전을 꿈꾸는 사람들에게는 꼭 한 번 오대산 월정사에서의 출가학교를 체험해보기를 권하고 싶다.

혜은_19기

간절한 적 있었던가

오십이 넘은 내 나이! 지금의 나는 과연 하늘의 뜻을 알기나 하는 것일까? 곰곰이 지나온 날을 되돌아보면 나는 참으로 멍청하고 지금도 무지몽매함에서 한 발자국도 더 나아가지 못하고 있는 것 같다.

내가 절집과 인연을 맺은 것은 지금으로부터 약 15년 전 겨울, 결혼 후 태어난 아들의 발달장애 때문이었다. 2대 독자인

나는 서른이 넘어 결혼을 했고, 한 번의 유산 후 아들이 태어났다. 하지만 그 기쁨도 채 2년이 가지를 못했다.

돌이 될 무렵까지 아들이 제대로 서지도 못하고, 그 흔한 옹알이도 잘 없는 등 다른 아이들에 비해 다소 늦은 발달 양상을 보였다. 그러나 주변에서 다소 늦는 아이도 많다는 이야기를 듣고는 그리 대수롭지 않게 생각했다. 실제 돌이 얼마 지나지 않아 서는 것 같더니, 또 얼마 안 있어 곧잘 걸어 신체 행동에는 별다른 문제가 없었다.

그러나 더 큰 문제는 다른 곳에 있었다. 네 살이 되도록 말문이 잘 트이지 않는 것이었다. 이상히 여겨 대학병원에서 뇌에 대한 MRI검사를 받고 소아정신과에서 진료를 받아보니, 그 결과 발달장애, 즉 지금은 사회에 비교적 널리 알려진 자폐증후군이 보인다는 것이었다.

일순 앞이 캄캄하고 머리가 멍해졌다. 아들의 진단 결과를 놓고 그 원인을 따지다가 결국 처와 갈등이 빚어졌고, 급기야 이혼 직전까지 가는 극한 상황까지 맞이하기도 했다. 그 후 우여곡절 끝에 주변의 설득 등으로 고비를 넘기기는 했지만 정작 더 큰 문제는 앞으로 이 아이를 위해 무엇을, 어떻게, 어떤 식으로 준비를 해야 하는가 하는 것이었다.

당장 할 수 있는 방법으로 소아정신과에서의 언어치료와 심리치료, 미술을 통한 시각치료, 음악과 운동을 통한 감각치료 등을 받게 했다. 그로 인해 소득의 절반 정도를 치료비로 지출하고 당시 홀로 사는 어머니의 생활비까지 부담을 해야 하다 보니 생활이 점차 힘들어졌다. 주변을 돌아볼 겨를도 없이 그저 하루하루를 힘겹게 견딜 뿐이었다.

그러던 중 우연히 같은 사무실에 근무하는 선배가 일요일에 대구 팔공산 갓바위에 기도를 하러 간다며 같이 가자고 했다. 선배는 아들을 낳고 싶어 기도하러 간다 했는데, 그 당시 현대의학으로 불가능하면 신에게라도 의지해보겠다는 마음이 커지고 있던 터라 선배를 따라 같이 가게 되었다. 과거에는 교회에 다녔던 나지만 오래전부터 마음 한구석에 불교에 대한 생각이 있었는데 선배와 같이 나서게 되면서 불교와 본격적인 인연을 맺게 되었다.

팔공산에 가서 처음으로 사람들이 절을 하는 모습을 보았다. 나는 기도하는 방법을 몰라 그저 다른 사람들이 절하는 모습을 보고 그에 따라 흉내를 내면서 백팔배를 해보았다. 저마다 간절한 소원을 가지고 기도하는 사람들 속에서 내 소원은 오로지 아들의 발달장애를 해소시켜달라는 것이었다.

선배로부터 적어도 세 번은 가서 기도해야 소원이 이루어진다는 말을 듣고는 그 후 처와 아들, 칠순의 노모까지 모시고 2주 연속으로 갓바위를 찾았다.

이를 계기로 토요일을 비롯해 쉬는 날이면 처와 아들을 데리고 영험하다는 전국의 절과 암자를 찾아 백팔배를 시작했다. 심지어 여름휴가도 이름난 절과 암자가 있는 곳을 중심으로 다닐 정도였다. 그러나 이렇게 수년을 해도 아들의 자폐성향은 개선되지 않았다. 외관상 별다른 표시가 없어 실망을 하던 중, 어느 날 밤 꿈속에서 어느 선사가 좌탈입망한 모습을 보았다. 그즈음 주변을 통해 출가를 하면 3대의 업이 소멸한다는 말까지 듣고보니 한동안 출가 문제로 깊은 고민에 빠지게 되었다.

그러던 중 방송매체와 인터넷을 통해 우연히 월정사에서 출가학교를 개설하여 운영하고 있다는 것을 알게 되었다. 가슴에 무엇인가 뭉클한 것이 와 닿았다. 실제 현실적으로는 출가를 못하더라도 단 한 달만이라도 불가에 귀의하여 아들을 위해 성심성의를 다 해보고 싶다는 생각이 간절했다.

그러나 월급쟁이로 생활하던 나로서는 한 달이나 시간을 낸다는 것이 너무나 요원했기에 그만 포기할 수밖에 없었다. 그러다가 다시 수년이 지난 후 당시 근무하던 사무실의 사정으로 인해 본의 아니게 퇴사를 하게 되었다. 다른 사무실을 구했지만 마침 출가학교의 모집 기간과 겹치는 것을 알고는 일단 가족들 모르게 지원서를 제출했다.

만약 입학이 허가되면 그때 가서 집사람에게 지원 사실을 알리고 양해를 구하려는 생각이었다. 큰 기대는 하지 않았는데 입학 허가 결정이 났고, 그에 따라 가족들의 도움으로 한 달간의 여정을 준비할 수 있었다.

준비를 하는 동안 청견 스님의 책《절, 기차게 잘하는 법》과 영상을 통해 절하는 법만 배운 채, 정말 아무런 기본적인 소양도 없이 무작정 입산을 했다.

삭발식, 삼보일배, 발우공양, 새벽예불 등 난생 처음 해보는 것 등이 무척 신기했다. 특히 입학 후 며칠 뒤에 있은 갈마에서는 입학 동기를 묻는 스님의 질문에 삭발할 때에도 흐르지 않던 눈물이 그저 흘러내리고 가슴이 먹먹해지는 등 만감이 교차하기까지 했다.

그러나 이러한 마음과 감정도 잠시뿐, 시간이 흐르고 생활에 어느 정도 적응이 되어 갈수록 타성에 젖은 것인지, 아니면 이곳에서의 생활이 당초 내가 생각했던 것과 상당한 차이가 있어서 그런 것인지 입학 당시 가졌던 간절한 마음은 어느새 퇴색해갔다. 중간에 퇴소하려는 마음까지 들었을 정도였다.

그래서였을까. 수행 4주차에 상원사에서 적멸보궁까지의 삼보일배에서 시작은 간절함과 우렁찬 석가모니불 정근이 이어졌는데 얼마 지나지 않아 무릎만 아프고 요령이 늘고 있었다. 어느 순간 간절함은 사라져버렸다. 도반들 가운데는 삼보일배 후 환희심을 느끼기도 했다는데 나는 그런 마음이 전혀 들지 않았다. 지도스님에게 그 연유를 물어보기도 했지만 결국 원인은 나에게 있음을, 즉 처음 입학할 당시나 삼보일배를 시작할 때 가졌던 간절함이 무디어졌거나 사라진 것이 주된 요인임을 스스로 알게 되었다.

점차 의욕을 잃어가다 어느 순간 시간만 가기를 기다리는 내 모습을 발견했다. 스스로도 실망이 컸다. 집에서 기다리고 있을 아들의 얼굴이 떠오르면 다시금 마음을 고쳐 잡으며 나머지 기간 동안의 수행 생활에 적응해갔다. 한번 아들의 모습이 떠오르면 좀처럼 사라지지 않고 간절히 생각이 났다. 또 집에는 별일이 없는지 하는 잡념이 머릿속에 가득했다. 남은 10여 일이 너무나 길게 느껴졌다.

그런데 우연이었을까, 저녁 일과 후 수행일기를 쓰는데 갑자기 정전이 되었다. 그 틈을 이용해 지도스님에게 통사정을 했다. 청규를 어기는 대신 참회의 백팔배를 하겠다 다짐을 하고 집에 전화를 할 수 있었다.

통화 시간이라야 1분 남짓했지만 전화기를 타고 흐르는 집사람의 목소리는 걱정하던 것보다 훨씬 밝아 나는 한시름을 놓을 수 있었다. 그 후로 졸업 때까지 아무런 걱정 없이 수행생활에 전념할 수 있었다. 이 자리를 통해 다시 한 번 지도스님께 감사의 말씀을 드리고 싶다.

졸업 전날의 삼천배도 잊기 힘들다. 내심 자신은 있었지만 막상 천배, 이천배로 나아갈 때마다 속도가 차츰 느려졌다. 어느 순간부터는 다른 도반들과 같이 호흡하지도 못했다. 결국 마지막 회향을 할 때는 삼천배를 못 채우고 마쳐야 했다. 2,800배 정도밖에 못한 것 같은데 어쨌든 마지막 죽비 소리가 나고 회향을 하는 순간에는 나도 모르게 옆에서 같이 절을 했던 도광 법우님과 포옹을 하고 하염없이 눈물을 흘렸다. 삼천배를 다 하지는 못했지만 내 인생에서 언제 그렇게 간절하게 매달려 절을 해본 적이 있었던가 싶고, 정말 나에게는 소중한 시간이었기에 그 자체에 만족을 했다.

그래도 아쉬움이 남는 것은 수행 기간 중《금강경》사경을 다 끝내지 못한 일이다. 남들은 일배일자를 많이 했는데 나는 삼배일자를 했다. 처음부터 욕심이었는지, 남에게 보여주기 위한 것이었는지, 그것도 아니면 그만큼 정성을 쏟고자 했던 것인지 스스로 물어보아야 하겠다.

삼배일자를 하자니 다른 사람들에 비해 상대적으로 많이 늦을 수밖에 없었다. 집에서 사경을 완성시킬 요량으로 졸업할 때 다른 도반들처럼 태우지 않고 그대로 집으로 가져왔는데 4년이 훨씬 지난 지금까지 단 한 자도 나아가지 못하고 그대로 책장에 모셔져 있다는 것이 너무나 부끄럽다. 이렇게 글을 쓰는 것을 계기로 새로이 발심해 사경을 완성해 보고자 한 번 더 다짐을 해본다.

나에게 있어 한 달 간의 출가는 무엇을 가져다주었는가. 나에게는 어떤 변화가 있던가. 지금에 와 생각해보면, 불교나 간화선에 대한 알음알이의 정도는 과거보다는 좀 나아졌고, 없던 재적사찰도 생겨 월정사를 품게 되는 등 외형적으로는 그럴듯하게 보인다. 하지만 내면이나 일상에 있어서는 여전히 '상相'에 머물고 있는데다, 특히 삼독三毒 중 화를 내는 '진瞋'을 벗어나지 못하고 있음을 스스로 느끼면서도 실천을 하지 못하고 있는 내 자신이 너무나 안타까울 따름이다. 그래서일까. 졸업 이틀 뒤 가족들과 다시 찾은 상원사에서 인광 스님이 면담 후 주신 선물이 바로 문수동자 게송의 한 구절인 '성 안 내는 그 얼

굴이 참다운 공양구요, 부드러운 말 한 마디 미묘한 향이로다'
라는 경구가 새겨진 카드였다. 참 선견지명이 있으신 듯하다.

실로 고백하건대, 거듭 참 부끄럽다. 한 달이라는 짧다면 짧고, 길다면 길다고 할 수 있는 이 기간 동안 그렇게 간절했던 마음과 기대는 온 데 간 데 없고 지금까지도 그저 시간만 보내고 있으니 말이다. 그래도 새로운 인연이 있어 과거 대학에서 같이 공부를 하다 20여 년 전에 출가한 스님과 약 3년 전부터 연락이 되어 1년에 두세 번 정도 만남을 가져오고 있다. 이를 통해 다시금 마음을 추스르고 경전 독송을 하는 등 조금씩 진척된 공부를 할 수 있게 되었으니 그나마 다행이지 않은가.

'수처작주隨處作主 입처개진立處皆眞' 임제 선사의 말씀을 가슴 깊이 새겨 '백척간두진일보百尺竿頭進一步' 하는 마음으로 이생이 끝나는 날까지 꾸준히 정진해 나가는 나의 모습을 그리며, 그러기 위해 지금의 나부터 단속해나갈 것임을 다시 한 번 더 다짐해본다.

백운_25기

그것을 안다고 인생이 바뀌나요

최근 인연이 닿아 다시 《도덕경》을 공부하기 시작했다. 몇 번을 봤던 구절을 다시 만나는 순간 마음 속 깊이 먼지 쌓인 상자가 생각이 났다. 아직은 공부가 한참 모자라 정확히 이 구절이 뜻하는 바는 모른다.

도라고 말해질 수 있으면

그것은 진정한 도가 아니고
이름을 지을 수 있다면
그것은 진정한 이름이 아니다.
道可道 非常道 名可名 非常名

어느 날 참선 중 졸다가 스님께 죽비를 맞은 듯이 정신이 번쩍 들며 가슴 속 깊이 와 닿았다. 예전 나의 법명 '각무覺無'. 이 뜻을 풀고자 화두를 잡고 공부를 했다. 그때 도반들이 해주신 이야기도 생생히 기억이 난다.

왜 난 지금 그 생각이 났을까? 잊고 지낸 것은 아닐까? 노자 할아버지가 말씀하신 '도라고 말해질 수 있으면 그것은 진정한 도가 아니고 이름을 지을 수 있다면 그것은 진정한 이름이 아니다' 하는 글귀에 왜 난 또 빠져드는 것일까? 새로운 일을 시작하며 바쁜 일상을 보내고 있는 시간에 잠시나마 옛 추억에 잠겨본다.

혼자가 너무 편한 아이가 있었다. 늘 땅만 보고 지내며 해가 지면 밖을 나가 새벽에 친구들과 술에 취해 들어오곤 했다. 하늘을 볼 시간은 없었다. 회사나 방에서 혼자 지냈다. 맑은 하늘을 일부러 피한 것일까. 하늘에 비친 나의 모습이 부끄러워서일까. 낮보다는 어두운 밤이 편하고 좋았다.

그렇게 지내다 밝은 세상에서 오대산의 청정 하늘과 개구쟁이처럼 수시로 변하는 구름을 처음 보았다. 너무 아름다워서 아무 생각없이 한동안 바라봤다. 이제는 답답하면 가끔씩 멍때리며 맑은 하늘을 보며 한없이 시간을 보낸다.

출가학교를 선택한 계기는 처음 다니던 직장에 적응을 못하고 나오면서부터이다. 여러가지 사정으로 힘들고 불안해하던 시절이었다. 지금은 그때 왜 그리도 답답해 했는지 기억조차 나지 않는다. 새로운 일을 시작하는 지금과 별반 다를 것이 없다. 그 당시 불현듯 예전 다큐멘터리에서 봤던 〈출가〉가 생각났다. 마치 지금 하지 못하면 평생 할 기회가 없다고 나를 설득시키며 지원서를 냈다. 길을 잃어버린 나의 삶의 이정표가 되어줄 것만 같았다. 그렇게 살면서 가장 욕심이 가득차고 처절했던 한 달이 시작되었다.

사실 나는 한 사람을 지독하게 미워했다. 아니 죽도록 싫었다. 그 사람의 인생이 하찮고 부끄러웠다. 온통 그 생각에 사로잡혀 괴로웠다. 잠시나마 잊고 버틸 수 있는 시간은 오직 절하는 순간이었다. 공양 시간, 울력 시간이 지나고 자투리 시간이 생기면 법당에서 미친 듯이 절하기 시작했다. 월정사 부처님께 절이라도 해야 숨 쉬고 살 것만 같았다.

그래서 오직 절만 했다. 하루 종일 절할 생각뿐이었다. 그렇게라도 해야만 그 생각을 잊고 버틸 수가 있었다. 미친 듯이 납작 엎드려 간절하게 기도하고 또 기도했다. '제발 내가 그를 용서할 수 있게 해달라고' 처절하게 기도했다.

그렇게라도 버티고 버티니 어느 순간부터 그가 가엽기도 하고 아파서 눈물이 나기도 했다. 너무 미워하기만 해서 미안하기도 했다. 절하면서 그의 상처가 조금씩 보이기 시작했다. 외롭고 많이 힘들었구나! 그런 생각이 들면서 '난 그를 다시 사랑할 수 있을까? 아니 사랑한 적이 있기는 할까?'라는 의문이 들었다. 절하는 나에게는 애초에 발심 같은 것은 없었다.

좌복이 땀과 눈물에 젖으면서 응어리진 마음이 조금씩 녹기 시작했다. 난 그와 그렇게 힘든 이야기를 시작했다. 그렇게 증오하며 미워하는 그는 나 자신이었다. 왜 그렇게 미워했을까? 절하며 자신에게 물었다. 가면 속 상처 가득한 나의 모습이 보였다.

그때부터 행자복이 젖고, 좌복이 젖고 힘이 들면 들수록 마음은 편안해져갔다. 큰 소리로 예불도 모시고《원각경》도 독송했다. 그러면서 땀과 눈물을 흘리면 흘릴수록 맑은 물로 샤워한 듯이 개운하고 상쾌했다. 절하는 각무도 나이고, 미워하던 원종이도 나였다. 그렇게 처음으로 바라보고 힘들어하던 나를 용서했다. 그제야 조금이나마 마음이 가라앉았다.

돌이켜 생각해보면 가족들, 친구들, 그리고 나와 인연 있던 사람들에게 못할 짓을 많이 했다. 이기적이지만 내 마음의 짐을 덜고자 참회하며 정성스럽게 또 다시 절하기 시작했다. 이렇게라도 해야만 다음에 미소 지으며 그들을 마주할 수 있을 것만 같았다. 시간이 지나면서 조금은 가벼운 마음으로 눈물을 흘릴 수 있었다. 그제야 모든 것에 고맙고 감사한 마음이 들었기 때문이다.

뜨거웠던 마음이 식으니 매일 갔던 포행 길이 달리 보였다. 길은 조금씩 변하며 눈 속 봄의 새싹들, 매일 마시는 공기조차 매일 다르게 느껴졌다. 똑같은 눈길도 변하며 봄의 새싹들의 기운이 가득했다. 숨 쉬는 공기조차 달랐다. 나의 마음도 주위 환경도 관찰할 수 있게 되었다. 전나무 숲, 지장암 숲과 흐르는 물소리도 힘든 시간을 보낸 나를 안아주었다.

한순간 나도 나무같이 살고 싶었다. 맑은 하늘 아래 어둡고 무거운 공기를 들이쉬고 맑고 향기로운 공기를 내쉴 수 있는 사람이 되기를 기도했다. 용광로 같던 마음을 식히며 조금씩 배울 수 있는 소중한 포행이었다.

묵언하며 나에게 집중하니 주위 도반들이 보였다. 각자의 방식으로 수행했지만 조화를 이루며 가장 멋진 한 달을 보냈다. 가장 좋았던 시간은 나를 관찰할 수 있던 묵언과 삼천배였다. 절하는 방법도 모양도 각자 다 다르지만 함께 모여 절하는 시간이 좋았다.

때론 서로가 지치고 힘들면 말없이 묵묵히 응원하며 한 목소리로 염불하고 간절하게 기도했다. 각자 다른 삶을 살다 시작했던 한 달을 마무리하고 새롭게 시작하는 시간이다. 끝의 아쉬움과 시작이란 설렘이 공존했다. 혼자라면 못했을 것이다. 함께했기에 가능한 삼천배이다. 이렇게 우리는 같은 길을 가는 '도반'이다.

좋았던 기억들이 새록새록 생각난다. 현재는 알음알이에 그치고 실천하지 못하는 참회의 시간이다. '무無'라는 화두를 잡고 공부할 때였다. 문득 '나의 마음 속 찻잔은 어떤 모습일까?' 라는 생각이 일어났다. 그 순간 가득 찬 찻잔은 언젠가 고갈되어 없어지지만 빈 찻잔은 무언가를 채울 수 있는 공간이 있구나. 늘 잔은 비어있어야 한다. 어쩜 우리의 마음도 같은 것이 아닐까?

사랑으로 가득 찬 마음은 사랑이 들어 올 수 있는 여백이 없다. 늘 비어 있는 마음속에 사람들이 자유롭게 들락날락 할 수 있다. 한발 더 나아가 때론 마음을 여는 것보다 마음의 문을 열고 나가 상대방의 손을 잡아 줄 수 있는 사람이 되어야 한다는 법철 스님의 말씀이 있었다. 지금 그런 연습이 필요하구나! 느낀다. 아이러니한 것은 어느 순간 '비워야지'라는 생각에 사로

잡혀 비운다는 욕심에 가득 채웠던 적도 있었다.

재미있는 생각을 한 적이 있다. 매일 변하는 감정을 관찰할 때였다. 지금도 그런 관찰이 가능할까? '좋다, 싫다'라는 감정을 시소로 비유하면 어떨까. 균형을 찾으며 일직선이 될 것이다. 꼭 우리가 시소에 타야만 하는 것은 아니다. 시소가 오르락내리락 하는 모습을 바라볼 수 있다. 균형점을 찾거나 직시하기 위해서는 조금 더 적극적인 모습이 필요하다.

감정이란 시소가 일직선이 되면 시작과 끝이 없는 둥근 마음이 될 수 있지 않을까? 그럼 난 균형 있는 삶이나 흔들리는 마음을 영화를 보듯 바라볼 수 있지 않을까? 그런 생각에 잠긴 적이 있었다.

지금 나에게 가장 필요한 것은 현기 스님의 '업장성불'에 관한 가르침과 자현 스님의 '그것을 안다고 인생이 바뀌었나요?'이다. '업'이란 습관이다. 좋은 습관과 나쁜 습관이 있다. 나쁜 습관이 곧 부처이고 나의 모습이다. 세상의 이치를 공부하며 좋은 습관이 몸에 배도록 연습해야 한다. 그런 습관이 몸에 배면 습관이 더 이상 습관이 아니라 나의 모습이 된다.

먹물 한 방울을 지우기 위해서는 더 많은 맑은 물이 필요하다. 좋은 습관을 기르기 위해서 곱절의 더 많은 연습이 필요하다. 그렇게 자연스럽게 물이 흐른다면 걸림 또한 지나쳐 갈 것이다. 환한 미소로 말씀해주셨던 것이 기억난다.

자현 스님은 강의 도중 '이것 안다고 인생이 바뀌지는 않아요'라는 말씀을 하셨다. 최근 독서모임을 하며 다양한 책을 읽고 토론하다보면 때로 지식에 빠져버린 거짓 나의 모습을 본다. 아는 것이지 실천하는 나의 모습은 아니다.

가끔은 나의 혀 속 칼을 휘두른 모습에 후회할 때도 있다. 나의 귀는 때로 상대방 이야기를 들어주며 따뜻한 둥지가 될 수 있다. 요즘은 묵언하듯 말은 줄이고 상대방 얘기를 잘 들어주고 공감을 해주는 연습을 하고 있다. 이런 습관이 배도록 마음 낮추는 연습을 한다.

경북 북부지방에서 청년자립 '바름협동조합'을 창립하며 새로운 사업을 준비하고 있다. 다양한 사람들과 만나며 예전 스님들께서 해주신 말씀들이 가슴에 와 닿는다. 자원봉사하던 시절 법철 스님께서 매일 백팔배하며 수행하라는 말씀을 못 지킨

것도 큰 아쉬움으로 남지만 '청년들의 자립', '우리 아이들이 행복하게 살 수 있는 세상'이란 같은 목표 아래 서로 간의 생각과 색깔을 조화 이루며 재미나는 일을 해나가고 있다. 마치 세상을 향해 우리 도반들과 삼천배를 하듯이 말이다.

지금까지 한 이야기는 나의 얕고 얕은 알음알이일뿐 진짜 실제 생활은 아니다. 그렇게 살기 위해 연습하고 있다. 이런 연습을 하다보면 어느 순간 이런 습관들이 몸에 배여 흐르는 물같이 살 수 있지는 않을까 하는 바람이다.

최근 새로운 일을 시작하며 설렘과 두려움이 가득했다. 하지만 똑같은 생활을 반복하다보니 긴장감을 놓쳤다. 삶은 반복되고 순환하기 때문에 늘 새롭게 받아들이는 연습이 필요하다 생각한다. 나같이 귀차니즘에 중독된 사람은 익숙한 환경이 변하고 있다는 것을 알아차릴 수 있어야 한다. 낯설게 바라보는 연습을 해야 한다.

늘 낮은 마음으로 조금씩 지혜롭고 현명한 사람이 된다면 사람들을 포근하게 안아 줄 수 있는 사람이 될 거라 확신한다.

마음 속 바닥에서 맑고 향기로운 꽃들이 피어날 수 있기를 간절한 마음으로 두 손 모아 기도한다.

각무_28기

아직 여전하지만 그래도

분명 서울에서 출발할 때는 몹시 추웠는데 월정사는 따뜻하고 포근했다. 기분 탓일까. 태어나서 처음으로 본 월정사는 하얗게 눈 덮인 산으로 둘러싸여있는 미지의 세계 같았다. 오대산의 맑은 공기를 마시고 넓은 자연 속으로 들어오니 마음이 절로 편안해지고 왠지 좋은 일이 생길 것 같아 설레었다.

당시에 뮤지컬 배우로 데뷔를 하면서 선후배 관계에서 스트

레스를 받고 실력의 한계를 겪고 있었다. 몸과 마음이 모두 지쳐있는 상태였다. 평소에 불교철학에 관심이 많았고, 어렸을 때부터 엄마 따라 절에 다녀 인연이 있었는지 내 상황과 시기가 딱 알맞게 돼서 출가학교에 오게 되었다.

출가학교에 입학하면 남자 행자들은 무조건 삭발을 해야 하고, 여자 행자들은 선택을 할 수 있었다. 언젠가는 꼭 삭발을 해보겠노라고 예전부터 생각을 했었다. 하지만 회향을 하고 나서 앞으로 오디션도 봐야 하고 작품 활동도 해야 해서 망설였다.

찰중스님께 고민을 말씀드렸더니 "가발을 쓰면 되지"라고 간단하게 대답해주셨다. 그 말씀에 용기를 얻고 바로 삭발식을 치렀다. 머리카락을 전부 깎고 나니 산뜻하고 시원했다. 비누로 머리를 씻어 수건으로 쓱쓱 닦기만 하면 되니 정말 편했다. 회향 후에는 짧은 까까머리를 하고 서울 한복판을 누비고 다녀도 전혀 부끄럽지 않았다. 가발을 써본 적도 없었다. 오히려 내 자신이 예쁘고 멋있다고 스스로 생각했다.

지금 생각해도 참 신기한 일은 출가를 하면서 한 달 동안 발성과 노래 훈련을 하지 않았는데도 노래 실력이 늘었다는 것이다. 예경의 운율을 굉장히 좋아해서 매일 예불을 할 때마다 참 즐거웠다.

어느 날 한 행자로부터 내 목소리가 은쟁반에 옥구슬 굴러가는 것 같다는 칭찬을 듣기도 했다. 실제로 출가학교를 마친 후 집에 돌아와 노래 연습을 하는데 예전보다 훨씬 소리가 잘 났고 레슨 선생님도 내가 실력이 많이 늘었다고 말씀하셨다.

매일 아침저녁으로 예경을 하고《원각경》을 외우니 자연스럽게 소리 훈련이 되었던 것이다. 정말 신기하고 기똥찬 일이다! 그래서인지 2월초에 회향하고 얼마 지나지 않아 바로 대극장 뮤지컬 오디션에 합격했다. 부처님의 가피를 받아 좋은 일이 생긴 것이 분명하다.

재밌는 추억이 된 것이 바로 '초코파이'다. 지금도 초코파이를 보면 한겨울 월정사에서 보낸 시간들이 자동으로 떠오른다. 보시로 들어오는 간식들 중에서는 초코파이가 단연 최고였다. 매일 울력을 하러 나가 눈도 치우고, 산행도 많이 해야 해서 체력 소모가 크다 보니 초코파이가 그렇게 맛있을 수가 없다. 하나만 먹어도 배가 부르고 기운이 났다. 남자들이 군대에서 초코파이를 많이 먹는 이유를 알 것 같았다. 남자 행자들이 눈을 치우는 울력을 하거나 눈길 위에서 삼보일배를 할 때 군대에 다시 온 것 같다고 입을 모아 말할 정도로 우리의 수행은 고되었다. 특히 매일 새벽에 일어나서 예불, 백팔배, 요가를 하고 나면 정말 뱃가죽이 등에 달라붙을 것처럼 배가 고팠다.

그렇게 새벽일정이 끝나고 먹는 아침공양은 고기 반찬 하나 없어도 정말 꿀맛이었다. 발우공양하는 중에 학감스님이 둘러보시다가 내 밥의 양을 보고 "우음 행자, 네가 행자들 중에 제일 많이 먹는다"라며 큰소리로 놀려서 창피했던 기억도 난다.

지장암에는 우리들을 위한 간식이 항상 배치되어 있어서 지장암에 간다고 하면 간식을 먹을 생각에 들뜨기도 했다. 우리를 위해 맛있는 간식들을 보시해주신 출가학교 선배님들과 지장암 스님들께 참 감사드린다.

취침 전 벌칙 수행도 정말 잊을 수 없다. 속세에서 해왔던 습들이 있어서 정말 고치기 힘든 것이 나의 큰 목소리와 웃음이었다. 불시에 터져 나오는 웃음과 큰 목소리 때문에 학감스님으로부터 참 많은 벌을 받았다. 자기 전에 오늘 하루 지적받은

횟수에 백팔배를 곱해서 절을 하는 게 벌이었다. 나는 초반에 거의 매일 백팔배를 하고 자야만 했다. 항상 덜렁대고 실수가 많던 어느 행자는 지적을 굉장히 많이 받아서 자기 전에 천배를 넘게 해야 하는 최악의 상황이었지만 다행히 학감스님이 자비를 베푸셔서 육백배를 하고 취침을 하는 일도 있었다.

우리가 거처하고 있는 건물은 ㄷ자 형태로 경행을 할 수 있는 공간이 설계되어 있는 곳이었다. 전면이 유리로 되어 있어서 쉬는 시간에는 그 공간에 가만히 앉아서 명상을 하거나 눈이나 비가 내리는 바깥풍경을 감상했다. 비가 내릴 때는 도반들이 "우음이다! 빗소리 들린다!" 말하곤 했다.

학감스님이 거처하시는 방과 붙어있는 복도의 경치가 제일로 으뜸이었는데 낮에 차 명상을 할 때에만 그곳에 갈 수 있었다. 차 명상은 묵언을 하면서 다도를 하는 과정 하나하나를 알아차리는 수행이다. 그 동작 하나하나가 다들 고요하면서 참 아름다웠다.

참선이 어느 정도 익숙해졌을 때는 몸과 마음이 분리되는 것 같은 신비한 체험을 하기도 했다. 쉬는 시간이었는데도 몸이 움직여지지 않아서 당황스러웠다. 수행할 때 가끔 일어나는 일이라고 스님께서 말씀해주셔서 조금은 안심했다.

그 이후로 참선에 관심이 많아져서 지금도 수행하려고 노력하고 있다. 매일 새벽예불 끝나고 하는 요가도 정말 유익했다. 요가는 대학에서도 수업을 들었고 신체 트레이닝을 오랫동안 해왔기 때문에 스트레칭과 근력운동은 익숙했다. 다만 새벽요가의 가장 큰 어려움은 졸음과 배고픔을 이겨내는 것이다. 한 달 동안 매일 공복상태에서 요가를 하니 몸이 정말 좋아졌고 그렇게 많이 먹었는데도 오히려 살이 빠졌다.

출가학교에는 정말 좋은 프로그램들이 많았는데 인상적이었던 것은 〈부처님 그리기〉였다. 학감스님께서는 우리가 입학한 바로 다음날과 회향하기 바로 전날, 두 번에 걸쳐서 부처님을 주제로 자유롭게 그림을 그리게 하셨다.

마지막 날에는 두 개의 그림을 나란히 붙여 복도에 전시를 해서 수행 전과 수행 후의 마음가짐과 심리상태가 어떻게 달라졌는지 함께 확인해 볼 수 있었다. 나는 부처님의 가피를 생각하며 초록색과 노란색만을 사용해서 추상화를 그렸다. 정말 지극한 마음으로 열심히 색칠을 했던 생각이 난다. 그때의 신심을 되새기고 싶어서 지금도 내 방 잘 보이는 곳에 붙여놓고 소중하게 간직하고 있다.

2년이라는 시간이 지났는데도 한 달 동안의 일이 생생하다. 지장암의 눈 내린 언덕배기에서 아이처럼 데굴데굴 구르며 행자들과 놀던 기억, 공양 후에 항상 포행을 하던 아름다운 전나무 숲길, 오대산에서 눈썰매 타며 내려오다 옷 찢어진 일, 미학적인 상원사에서 먹었던 자장면 등등. 그때의 기억들을 다 풀어놓자면 남자들이 군대 이야기를 하듯이 며칠 밤낮을 새도 모자를 판이다. 그만큼 정말 많은 것을 했고 나에게 큰 변화가 있었으며 내 정신이 깨어있는 시간들이었다.

습관은 고무줄 같아서 노력하면 잠시 바뀌었다가도 다시 원상태로 돌아오기 쉽다. 한 달을 수행했다고 해서 내가 살아온 25년의 습관과 생각덩어리가 완전히 바뀐다는 것은 불가능할지도 모른다.

여전히 나는 불안하고 흔들린다. 요즘 '미생'이라는 말이 사회적으로 청년들에게 많은 공감대를 형성하고 있다. 나도 아직 미생이라고 할 수 있다. 하지만 나는 지금 미생에서 불생으로 가는 과정 속에 있다고 생각한다.

가장 중요한 것은 '씨앗'을 심는 일이다. 한 달 동안 월정사에서의 시간들은 불자로서 참 값진 씨앗을 심는 시간들이었다. 불교가 처음에는 어려웠지만 아주 작은 것부터 구체적으로 실천하니 조금씩 내 삶에 스며들고 있는 것을 느낀다. 출가학교에서 배운 많은 수행법 중에서 참선, 백팔배, 사경 등을 나의 근기에 맞는 수준으로 하고 있을 뿐이지만 작은 수행이라도 꾸준하게 하고 있다면 나는 분명 발전하고 있는 것이 아닐까?

마음 한번 내기가 정말 힘들다. 인연이 없다면 이번 생에는 체험해 볼 수 없었을 것이다. 좋은 시절인연을 만나 출가학교를 가게 되었고, 이것이 씨앗이 되어 지금 이렇게 불자로서 생활하고 있는 것에 정말 감사하다. 내가 얼마나 운이 좋은 사람인가를 다시 한 번 깨닫는다.

우음_35기

투명한 마음은 어디서 왔을까

탁! 탁! 두 번의 죽비소리에 23일간의 여정이 끝났다. 모든 것을 씻어버릴 듯 세차게 퍼붓던 비에도 어둠은 채 가시지 않은 채 팔각 구층탑 사이에서 주춤거리고 있다.

떠나야 하는 자의 아쉬움을 알기라도 하듯 명부전 곁에 홀로 빛나는 등불은 못내 쓸쓸해 보인다. 문수선원 곁에서 오직 자신만 돌아보고 정진하라고 다른 실체를 가려주었던 안개도 따라나설 채비를 한다.

머릿속에 남은 게 없다. 텅 빈 그릇에 물 한 방울 떨어진 느낌이었다. 무엇하러 왔던가. 마음속에 유성 하나가 어둠속을 가로질러 갔을 뿐. 무명초를 자를 때의 그 첫 마음, 짐을 싸 들고 무언가 찾겠다는 심정으로 월정사까지 온 그때 그 마음 변치 않았을까. 아직도 "왜 사느냐?"라고 물으면 선뜻 대답할 수 없다.

"운명하셨습니다."

8여 년에 걸친 투병의 고통과 가족을 들볶던 짜증에 비하면 아내의 임종은 편안했다. 얼굴에는 고통의 표정이 없었다. 손톱에 피가 맺도록 벽을 긁어 대던 아내는 죽음에 순순히 투항했다. 입원실 아래에 점점이 흩어져 반짝이던 불빛들은 아내의 뇌 속에 있는 종양의 불빛처럼 보였다. 수면제의 힘으로 깊이 잠든, 마음이 사라진 그 순간에도 종양의 불빛은 아내의 뇌 속에서 깜박거리고 있었다.

멀리 창밖으로 보이는 을숙도는 썰물이 바다를 밀어 자신의 치부를 드러내 보이고 흰 달빛이 갯벌 위에서 질척거리면서 부서졌다. 바다는 저편으로 밀려나 보이지 않았고 저승에 뜬 달처럼 창백한 달빛이 가득한 공간 속으로 새 한 마리가 울면서 저문 바다로 날아갔다. 나는 내가 무엇을 해야 할지 어디에 있어야 할지 알 수 없었다.

얼굴 없는 그 무엇이 있었다. 아무것도 보이지 않은 허공이었고 바닥없이 꺼져버린 낭떠러지와 문득문득 다가오는 좌절이 내 앞을 가로막았다. 그것은 들여다보면 볼수록 뿌옇게 흐려지는 구리거울 같았고 숨을 몰아쉬고 뒤돌아볼 때만 풀려나간 실타래처럼 헝클어진 모습을 드러낼 뿐이었다.

아내가 죽은 후로 언제나 불안한 길을 대책 없이 걸어가기만 했고, 작두를 타는 무당처럼 세상을 건너가고 있었다. 생의 길은 늘 모호하고 막막할 뿐이었다. 동공은 초점을 잃고 삶의 방향감각은 이미 마비되어 있었다.

술을 마시는 것이 생을 더 명료하게 했고 그것이 삶의 전부였다. 몇 해 전 초가을, 아내와 마지막 여행이 되었던 선재길을 걸으면서 줄지어 가던 출가학교 행자들을 보았다. 아내는 꼭 한번 가보고 싶어 했다.

"나으면 보내줄게."

아내를 보내고 의미 없는 삶을 살아간다는 생각이 늘 머리에서 떠나질 않았다. 삶에 대한 의욕을 상실하고 대충대충 살아온 세월이었다. 세상의 아웃사이더였던 나에게도 살아갈수록 지울 수 없는 얼굴들이 늘어만 간다는 사실, 사랑했던 사람은 여전히 그립고, 미워했던 사람은 미운정이 깊어 외따로운 마음을 흔들고, 그 모든 마음에는 저마다의 크기에 맞는 울음이 담겨져 있었다. 아내가 죽고, 살아생전 쓴 편지가 다이어리 속에 고이 간직해 있었다.

일 년에 한 번씩이라도 자기를 기억해 달라고, 그렇지 않으면 자신의 이름이 기억 속에 잊혀질까 두렵다고… 아울러 출가학교에 자기 대신 꼭 한 번 다녀오라고.

아내와의 약속을 지키기 위해 월정사를 찾았다. 실구름이 수채물감처럼 흩날린다. 비가 잠시 고개를 넘는 사이 운무가 다가와 내 주위에 있는 모든 것을 살포시 껴안는다. 굴참나무 이파리에 맺힌 이슬 하나가 적멸을 기다리는 동안 시간은 수밀도 익어가듯 깊어만 간다. 말갛게 바닥을 탐색하던 이슬이 저를 놓으며 온몸에 찰나의 광휘를 휘둘러 댄다.

그 투명한 이슬은 온갖 방향으로 날뛰던 내 원색의 욕망을 잠재워 주었다. 비가 내리자 나무들이 가만히 합장한다. 그 장엄한 광경에 놀라 나는 몸을 구부리고 울었다. 가슴이 이마에 닿을 때까지 오래도록 기울어져 가야만 할 듯이, 그렇게 월정사는 한 치 앞도 구분 못하는 한숨 짓는 내 지친 영혼을 가슴으로 안아 주었다.

처음으로 강요받은 것은 묵언이었다. 서로 다른 삶, 나이, 성별 그 가운데서 묵언, 그것을 지키는 것이 바로 수행이었다. 마음속에 묵언이라는 그 신념을 드리워 놓고 세상을 바라보던 시간들, 남의 생각에 끼어들 여지가 없이. 자신만 바라볼 수 있었던, 그 시간이 가장 행복한 시간이었다.

무심했던 그 시간 속에서 나는 세상으로 들어가는 법을 배웠다. 내 인생의 순간들이 세상에 대해 더 깊이 들어가길 원했다. 세상의 길에서 여유롭게 달리면서 또 다른 장애가 올지라도 그 힘찬 날갯짓으로 그 벽을 즐거이 넘을 수 있으리라. 묵언은 내가 살아가면서 지향해야 할 삶의 또 다른 모습이었다.

묵언은 하심을 갖게 해주었다. 자신을 낮추는 것 그것은 말이 필요 없었다. 처음 문수선원에 들어왔을 때, 짧은 치마를 입고 온 앳된 아가씨, 혈기 넘치는 젊은 친구, 세상의 모든 고민을 다 안고 온 중년들, 모두 철저히 묵언을 강요당했다.

적막감과 긴장감이 힘을 받은 활시위처럼 팽팽한 시간의 연속이었다. 그러나 묵언이 지속될수록 서로를 배려하기 시작했다. 세상에 섞여 살면서 고슴도치처럼 가시를 돋우었던 마음자락이 햇살에 안개 풀리듯 넉넉해진다. 묘한 일이었다. 힘들면 등을 두드려 주고 손을 잡아 주면서 서로를 격려하며, 말없이 바라보던 그 시간들, 자신을 낮추는 법을 스스로 알아갔다. 묵언이 아니면 해낼 수 없는 일들이었다.

삼보일배가 시작되었다. 석가모니불 정근 소리에 이내 숲들이 고요해지고 우리 행자들의 목소리만이 산천초목에 울려 퍼진다. 삼보! 그 첫 번째 걸음은 이기심과 탐욕을 멸하고, 둘째 걸음은 속세에 더러워진 마음을 멸하고, 셋째는 치심을 멸하라는 것, 오체투지하면서 땅바닥에 머리를 대자 낮은 마음이 저

절로 생겼다. 지치면 낮아지는 육신의 겸양 때문일까. 머리를 숙일수록 머릿속이 헹궈지는 느낌이었다. 높은 곳에서 보던 헛것들이 떨어져 나갔다. 미물 같아 보이던 개미도, 이름 모를 벌레들도 다 크게 보였다. 늘 피해 다니던 진흙도, 낙엽 한 송이도 다 불성을 지니고 있었다.

흠뻑 젖은 땀을 씻어주는 소나기라도 내리면 그것이 어찌 그리 고맙던지. 하찮다고 밟고 지나간 것들이 얼마나 소중한 것이었는지. 그 옛날 신라의 구정九鼎 선사가 도를 찾아 나선 길을 삼보일배하면서 눈에 들어 온 것은 다름 아닌 자연이었다. 흙과 돌 그 사이에 피어난 작은 풀과 꽃들이 내게 다가왔다.

건너편 산등성이에는 쭉쭉 뻗은 전나무가 나를 내려보고 있었다. 진한 향기 풍기던 전나무 숲길, 두려움 없이 내게 다가오던 다람쥐, 가슴 깊숙한 곳까지 들어오던 청량한 공기, 밑바닥까지 보이던 금강연의 맑은 물 그 모두가 부처였다.

깜박 꿈을 꾼 것 같은 월정사에서의 그 시간들, 내 앞을 스쳐가는 바람은 산속 깊은 계곡을 어루만지는 바람처럼 지상의 음악에서 천상의 부분만 골라 낸듯한 소리를 냈다. 산속에 사는 생명의 소리는 조화로왔다. 자연의 소리는 서로에게 방해되거나 사람들이 내는 소리처럼 귀에 거슬리지 않았다.

숲의 새벽은 분주했다. 그러나 인간들처럼 소음이 일지는 않았다. 서로의 것을 지키려는 아우성이 없었다. 나는 시간과 공간을 초월하여 내 삶 동안 나를 가장 매료시킨 곳에 와 있었다. 숲과 사람과 예쁜 짐승들과 돌멩이까지도 얼굴에 태양을 새긴 채 웃고 있는 이 신선한 유토피아에서 나는 아프게 입술을 깨물었다. 지친 영혼과 오염된 마음을 맑게 씻어내는 일 말고 무엇이 더 급하랴.

나는 그 도량에서 내리는 비에 아랑곳하지 않고 오래 자신을 씻고 있는 구층탑처럼 버티고 서 있고 싶었다. 머나먼 천상의 우주 어딘가에 있는 온갖 소음과 소란으로 부터 자유로운 이상향에 와 있다는 느낌을 받았다. 무념 그 자체가 우주적 조화를 이룰 수 있기 때문일까. 소나기처럼 쏟아지는 별빛을 보며 사사로운 세상의 일에 입을 댄다는 것은 어울리지 않았다. 자연의 소리에 귀 기울이는 것 밖에는 할 일이 없었다. 나는 이곳에 마음을 정착했다.

엎드려 절하면서 스스로 낮아지는 법을 배웠다. 삼라만상의 엄정한 법칙에서 보면 인간은 어쩔 수 없이 가련하고 불쌍한 존재이다. 나 자신의 편리한 잣대를 들이대어 내 주위에 있던 사람들을 재단하고 거기에 맞춰 사람들을 분별하던 시절, 백팔배를 하면서 내 욕심이 얼마나 부질없던 것이었는지, 석양을 등지고 서 있는 하얀 억새의 저 가벼운 몸짓처럼, 구름이 가벼워지고 그 위를 날아가는 철새들의 깃털이 가벼워지듯 나 또한 가벼워지길 바랐다.

내 상처를 치료하는 동안 온갖 세상으로부터 공격받지 않는 곳, 손으로 잡을 수 없으면서도 실체가 있는, 나를 둘러싸고, 또 나만이 존재할 수 있었던 안개가 유명한 월정사, 그곳에서 나는 덧없음 쪽으로 기울지 않고 투명하고 맑은 마음을 가질 수 있었다. 이 마음이 그냥 왔을 것 같지는 않다.

바라보기만 해도 가슴이 훈훈해지는 부처님, 눈빛 속에 소중한 인연을 싹 틔운 스님의 말씀도 그립다.

"삶에 절망해 보지 않은 사람은 삶을 사랑할 수가 없습니다. 고뇌 또한 고뇌로만 그친다면 인생에는 아무런 의미가 없겠지요. 삶이란 모래알처럼 많은 희로애락을 겪으면서 작은 깨달음을 쌓아가는 것이지요. 괴로움의 뿌리는 집착입니다. 가슴에 묻어있는 생각들을 부처님께 드리십시오. 그 마음 연습을 하다 보면 어느새 자신이 부처님을 닮아가지요."

그곳에서 늘 내 마음속에 가시로 남아있던 사랑했던 아내를 부처님의 세상으로 놓아주었다.

삶은 소중하다. 가능한 체념하지 않고 살고 싶을 뿐이다. 깊이 있는 삶을 받아들이고 그것을 극한으로 몰아 최소한의 조건만 갖춘 강인한 스파르타식 삶을 살고 싶었다. 삶이 척박하면 척박한 대로 그것을 온전히 내 것으로 받아들이고 황홀한 여정이면 사랑하는 사람들에게 그 방법을 알려주면 될 것이다.

낙타처럼 순종하는 삶도 아닐 것이요, 사자처럼 의지를 가지고 밀어 붙이는 삶도 아닌 어린아이처럼 유희적인 삶을 살고 싶을 뿐이다.

출가학교는 나 자신의 잣대에 맞춰 사람을 평가했던 그 잘못을 늦게나마 깨닫게 해주었고, 주위 사람들에게 있는 그대로 사랑해야 한다는 방법을 터득하게 해주었다.

고통과 상처의 나날을 발효시켜 상하지 않는 투명한 슬픔을 얻었고, 아름다운 산사와 조화로운 자연 속에서 온갖 탐욕과 번뇌를 잠시나마 내려놓을 수 있었다. 시원한 물이 흐르는 계곡의 아름다운 모습, 마음으로 내 상처를 치유해주었던 스님, 부처님의 가피를 받아 하늘에서 내려온 아리따운 도반들과 같이한 23일은 내 인생에서 가장 값진 날들이었다.

나는 지금도 간절히 기도한다. 밀랍으로 귀를 막고 배의 밧줄에 꽁꽁 묶여 초심을 잃지 않으려는 오디세우스처럼, 나 역시 늘 초심으로 돌아가기를.

오대 첩첩 산중턱에 와불처럼 유유히 흐르는 구름, 기다리는 그리움을 밤새껏 적셔주는 빗소리, 소박한 절제가 바로 삶 그 자체였던 곳, 잎이 떨어지는 계절에 다시 찾았다.

힘들면 둥지를 어루만지던 서어나무도 얼굴을 붉힌 채 서 있고, 하소연 할 곳 없던 행자들의 발길질을 덤덤히 받아들이던 상수리나무도 노란색으로 물들고 있다. 성불하기 좋아서일까. 온갖 종류의 나무들도 월정사에 모여 들어 수목 만물상을 이루고 있다.

시간이 숲에 내려 앉았다 떠나면서 새로운 시간을 불러들인다. 그 진한 여름의 색깔을 벗고 나름의 색깔로 물들어 가고 있다. 어느덧 내 마음도 나 자신의 색깔로 물들어 가고 있다.

정견_41기

사소하지만 소중한 변화

여름 하안거 결재 기간에 입교해 다른 기수들보다는 적은 기간인 23일간 월정사에 머물렀다. 강원도 사찰을 돌던 중에 월정사에서 출가학교 홍보물을 본 것이 인연이었다. 동고동락했던 다른 도반님들은 지인의 소개를 받고 오신 분들이 많았으나 나는 내 자신에 대한 고민이나 문제를 한 번 더 생각해보자는 의미가 아닌 불교학도로서 승가의 생태를 알고 싶었다는 게 신청 당시의 목적이다 보니 같은 학감스님 밑에서 똑같은 일과를 지냈음에도 내가 받아들인 출가는 다른 도반님과는 많이 달랐다는 생각이 든다.

가장 크게 느꼈던 것은 대중의 힘이었다. 출가학교 과정은 안내문에도 설명되어 있듯이 그리 쉽지 않다. 승려가 되는 첫 과정이 출가이고 승려가 되기 위해서는 이전의 습들을 모두 버리는 단계가 행자이다 보니 어찌 보면 힘든 것이 당연하다. 그런 쉽지 않고 힘든 행자 생활을 혼자서 헤쳐나가기란 굉장히 어려운 일이다.

그런 어려운 일을 무탈하게 마칠 수 있게끔 해주는 것에는 여러가지가 있을 수 있지만 나는 그 중에서도 대중의 힘이야말로 가장 큰 역할을 하는 것이라 생각한다. 대중은 모두 다 똑같이 삭발을 하고 똑같은 옷을 입으며 똑같은 시간에 예불을 드리고 똑같은 반찬으로 밥을 먹는다. 그러다 보니 도반들 간에 싸움은 있을 수가 없다. 오히려 똘똘 뭉쳐 이 난관 아닌 난관을 이겨내자는 생각을 하게 되었다.

대중은 뒤처지는 이를 내버려두고 혼자 가지 않는다. 뒤처지는 이를 독려하고 서로를 배려하며 모두 다 같이 도착점에 도달한다. 이것이야말로 대중의 힘이다. 나는 그런 대중의 힘이 얼마나 대단한 것인가에 대해 절실하게 느꼈고 함께하는 것이 얼마나 소중한 것인가를 다시 한 번 더 상기했다.

행자의 하루 일상에서 주어지는 개인의 시간은 24시간 중에 2시간 남짓이다. 처음에는 이런 일과에 대해서 단순히 행자 생활이 굉장히 빡빡하구나 정도의 생각밖에 하지 못했다. 그리고 그 생활을 하면서 불만 아닌 불만도 쌓여갔다. 육체도 정신도 나를 극한으로 몰고 있었다. 승가에서 단체생활이라는 명목 하에 나를 구속하고 있다는 생각이 들었다.

출가학교를 신청한 동기가 앞에서 말했듯이 승가의 생활을 알고 싶다는 것이었기 때문에 좌복 하나 놓는 방법마저 정해져 있는 이런 생활을 하면서 승가의 생활은 규율에 구속되는 것이라는 생각을 했다. 그러나 졸업할 때는 이러한 생각이 바뀌어 있었다.

물론 행자 생활이란 밖에서의 습을 고치는 과정을 겪는 것이기 때문에 규율에 맞게 생활을 해야 하니 내가 처음 생각한 것처럼 구속일 수는 있다. 하지만 그런 규율 속에서 23일간을 지내게 했던 것은 대중들이 모두 같은 생활을 하면서 다 같이 가는 것이 얼마나 중요한지 요즘 세상에서 왜 그렇게 '동행'에 대해서 강조를 하는지 알게끔 하는 것이 출가학교가 우리에게 원했던 것이자 알려주고 싶었던 것이라는 생각이 들었다.

가장 힘든 건 앉아 있는 것이었다. 평소에는 좌식생활을 한다고 하더라도 앉아 있는 시간이 그렇게 많지 않았고 앉아 있더라도 조금 무리가 간다 싶으면 일어나서 걷거나 몸을 풀어주어 생활에 무리가 없었지만 출가학교에서는 당연히 불가능한 일이었다. 때문에 무릎에 많은 무리가 갔고 염증도 생겼다.

사실 내 무릎이 선천적으로 기형이라 아픈 것이 당연했지만 무릎이 기형이라는 것도 출가학교를 갔다 오고 난 후에야 알게 되었다. 오랫동안 앉아 있는 것도 힘든데 선천적으로 기형이다 보니 행자 생활 중에 무릎의 통증은 생각보다 심했다. 아침에 일찍 일어나는 것이나 정해진 일과에 따라 생활하는 것도 쉬운 일은 아니었지만 일과의 반이 앉아서 하는 일이었기 때문에 어떤 것보다도 무릎의 통증이 힘들게 다가왔다. 중도에 포기해야 하는 것이 아닌가라는 생각도 많이 들었다.

그렇게 무릎의 통증으로 힘들어하고 있던 중에 어느 날 아침 발우공양을 할 때 내 옆에서 손으로 무릎을 쓸고 있는 도반을 보게 되었다. 도반도 앉는 것이 힘든지 계속해서 무릎을 손으로 쓸고 있었다. 그걸 보니 힘든 것을 참고 가는 것은 여기서 나뿐만이 아니구나, 다들 몸으로나 마음으로나 많이 힘든데도 불구하고 참아가며 버티는 중이라는 것을 알아차렸다.

사실 지금 생각해보면 내 옆의 도반이 무릎을 손으로 쓸어내리기 전부터 다들 자신이 힘들다는 것을 겉으로는 내색하지 않으면서도 힘들다는 것이 드러났던 것 같다. 그런데 나는 당장 내가 아프다는 것 때문에 타인의 고통은 볼 수도, 아니 보려하지도 않았고 내 옆의 도반이 나와 같이 무릎을 손으로 쓸어내리는 것을 보고서야 나만 힘든 것이 아니라는 것을 알았다.

남자 행자 가운데는 내가 제일 어렸고 몇 명을 제외하고는 다들 연배가 있으신 분들이다보니 나보다 분명 쉽지 않은 생활을 했다는 생각이 든다. 그런 상황에서도 내색하지 않고 정진하는 모습들을 보니 중도에 포기하려 했던 마음은 온데간데없고 오히려 내가 더 열심히 해야겠다는 생각이 들었다.

남에게 피해주기 싫어서, 또 남에게 피해받기 싫어서 무조건 혼자 가려고만 했던 나의 생각이 조금은 바뀌기 시작했다. 그렇게 조금씩 바뀌어 나가는 것이 분명 후에는 큰 변화가 될 것이다.

출가학교에서의 행자 생활로 나에게 온 변화는 남들이 보기에는 티도 안 날 정도로 사소한 것인지도 모르겠다. 하지만 지금 내가 느끼고 있는 변화는 생각보다 큰 변화이다.

23일은 긴 시간이 아니다. 한 달도 안 되는 시간 동안 스무살이 넘은 성인이 바뀐다는 것은 거의 불가능하다. 20년이 넘도록 길들여진 습도 변하진 않는다. 하지만 분명한 건 내 마음에서 새로운 생각의 씨앗들이 자라고 있다는 사실이다. 이것은 짧은 시간에 쉽게 얻을 수 있는 것이 결코 아님을 잘 알고 있다.

나는 과거에 불우한 가정환경에서 '왜 나만 이렇게 힘들까', '왜 나만 이런 고통을 받아야 하지'라는 부정적인 생각을 많이 해왔다. 세상을 살아나가다 보니 나보다 힘든 사람도 수없이 많은 것을 보고 오히려 나는 행복한 편에 속하는구나 알게 되었지만, 과거의 부정적인 생각으로 아무 의미 없이 보낸 시간들을 보상받을 수 없었다.

가장 친하게 지내고 있는 고등학교 동창들과도 가끔씩 술잔을 기울이다 보면 나보다도 더한 고통을 받아온 친구들도 많고 사연 없는 집을 찾는 것이 힘들며 제 각각 모두에게 고민이나 근심이 있다는 것을 알게 되곤 한다.

그런데 그 친구들은 그런 환경에서도 자기 몫을 해내기 위해 최선을 다했다는 사실을 알게 되었을 때는 내가 의미 없이 떠나보낸 시간에 대한 후회가 더 들곤 한다. 그렇지만 지나간 시간은 돌아오지 않는다.

그렇게 떠나보낸 시간에 대한 아쉬움을 해결할 수 있는 방법은 지금이라도 새로운 마음으로 새로운 출발을 하는 방법밖에 없다. 지나간 과거에 손을 뻗는다고 닿지 않는다. 하지만 사람들은 그걸 알면서도 지나간 과거를 놓아주려 하지 않는다. 23일간의 출가학교에서의 생활은 그런 과거에 대한 집착을 놓아버리게 하는 하나의 답이 되었다고 생각한다.

과거에 어떠한 일로 고통을 받고 있는 사람들, 또 오지 않은 미래에 대한 막연한 불안감을 짊어지고 있는 사람들에게 출가학교는 현재에 충실하라고 한 부처님의 말씀을 행자 생활을 통해서 바르게 전달해 줄 수 있는 장이 될 것이다.

그리고 일련의 과정 속에서 함께 가는 방법을 배워나감으로써 인간이 왜 사회적 동물이며 왜 소통하고 화합해야 하며 동행해야 하는지에 대해서 깨우쳐 줄 것이다.

이 글을 읽고 있는 사람들이 삶을 살아가는 부처님의 지혜를 익혀 바르고 원만한 삶을 살며 고통없는 삶을 살아나가기를 기원한다.

정원_41기

한 꺼풀 벗어던지고

부산에 살고 있는, 이제 복학생이 될 스물세 살 대학생이다. 긴 시간에 걸쳐 고민하고 출가학교를 찾는 분들도 많지만 나는 번갯불에 콩 구워 먹듯이 입학했다.

어느 날 어머니께서 불교TV를 보다가 출가학교 모집 영상을 보고는 한번 가서 체험해보는 것이 어떻겠냐는 말에 알아본 것이 마침 원서접수를 받는 날이라 바로 입학을 하게 되었다.

평소의 나는 해야 할 일은 많았지만 내일 해야지 했다가 그 내일이 되면 또 내일 해야지 하며 오늘 할 일을 미루며 시간만 보내고 있었다. 대학교 1학년을 다니고 좀 더 나은 내가 되어서 복학해야겠다는 생각에 휴학을 했지만 날이 갈수록 게을러지고 나태해지는 모습을 보며 자괴감만 키웠갔다.

자괴감이 들면 노력을 해야 하는데 그 노력 또한 귀찮았다. 시간이 너무 빨리 간다고 생각하고, 짧은 하루에 불평과 불만만 쌓이며 지냈다. 내 스스로 자신감이 없었다. 늘 주위 사람들 눈치를 보며 움츠러들었다. 나만의 틀이 있어서 '난 이래서 안 돼' '저건 저래서 안 돼' 하고 미리 포기하기 일쑤였다.

출가학교를 마쳤다고 그런 내가 180도 확 변한 것은 아니다. 하지만 나에게 껍질이 있다면 한 겹 벗은 느낌이다. 지금은 주위의 시선보다는 나에게 집중을 하게 되었다. '이렇게 하면 사람들이 나를 이상하게 생각하겠지'가 아니라 '내가 하고 싶어서 하는 건데 뭐…'라는 주체성이 생겼다.

타인에게 100% 맞추고 살았다면 이제는 타인보다는 나의 기준이 더 많이 생겼다. 아침에 일찍 일어나고 일찍 자는 정서

적인 생활 패턴을 가지게 되었다. 매일 일찍 일어나 주스를 갈아 가족과 함께 마신다. 솔직히 말하면 다시 태어난 느낌이다.

출가학교를 갈까 말까 망설이고 계신다면 나는 단호히 출가를 하라고 말씀드리고 싶다. 출가학교 생활은 당연히 힘들다. 하지만 지나고 보면 가장 좋았던 한 달이라고 생각한다. 왜냐하면 옷깃도 스치지 않을 것 같은 사람들과 옷깃을 스치게 되고 서로 돕고 의지를 하게 되고 어쩌면 눈빛만 봐도 알 수 있는 오묘한 사이가 될 수 있기 때문이다. 길거리에 나가면 쳐다도 보지 않을 사람들끼리 말이다.

불심이 깊은 부모님의 영향을 받아 종종 고승들의 깨달음의 말씀을 전해들을 때가 많다. 그 중에서 가장 기억에 남는 말씀은 '마음을 일으키지 마라'는 것이다. 저 넓은 바다가 태풍이 오면 오는 대로 출렁출렁 거리는 것처럼 그 상황에 맞춰 흘러가라는 말씀이었다. 왜 이 말이 생각났는지 모르겠지만 마음을 일으키지 않으려고 노력했다.

제일 행복했던 기억은 소소한 것 하나에 느끼는 행복이었다. 절제하는 일상에서 시원한 물 한 모금, 아이스크림 하나, 떡 한 조각 같은 일상생활에서는 무심코 지나가는 것들이나 당연한 것들이 여기에서는 굉장히 큰 기쁨과 행복으로 다가왔다. 작은 것에도 이렇게 행복할 수가 있는데 왜 밖에서는 항상 불평하고 불만으로 지냈을까 반성도 하게 되었다.

작은 것에도 감사하는 마음을 배웠다. 나와서 아이스크림을 먹거나 편안하게 있으면 출가학교 생활이 떠오르며 감사하는 마음을 가지게 되었다.

행자 생활을 시작하면 각 행자들에게 소임을 정해준다. 나는 '명등'이라는 소임을 받았다. 촛불을 켜고, 생활관의 불을 관리하는 것이다. 소임 구역을 가르쳐주시는 보살님께서 촛불을 종일 켜고 있으면 타는 곳만 타고 균형이 맞지 않으니 타고 남은 것을 항상 잘라주어야 한다고 말씀하셨다. 나는 그 말에 의문을 달았다. '왜 화장실의 화장지는 보시물이라고 한 장도 아껴쓰라고 적혀 있는데 양초는 아끼지 않을까?' 그래서 관리하는 동안에는 양초를 자르지 않겠다고 마음먹었다.

이 양초 또한 보시물이니 아껴 써야겠다고. 그 뒤로 매일 양초를 수시로 보고 균형이 안 맞으면 균형이 맞도록 촛농을 오므려주곤 했다. 그래서 양초를 자르는 일 없이 온전히 다 쓸 수 있었다. 그러면서 깊은 반성을 하게 되었다.

출가학교에 오기 하루 전, 키우던 개가 죽었다. 한 살 되기 1달 전에 그만 무지개다리를 건넌 것이다. 울지 않으려 애썼다. 우는 것도 그 아이에게 너무 미안했다. 비록 오빠가 키우던 개이긴 하지만 오빠는 늘 바빠서 그 아이는 늘 혼자 집에 있었다. 나는 시간이 많으니 자주 가서 돌봐줄 수 있었다.

하지만 귀찮다는 이유로 그냥 그 아이를 혼자 두었다. 그 아이가 반가워 밖에 산책 나가자고 깨무는 행동을 그때는 왜 그러는지 알아차리지 못했다. 내가 그렇게 행동을 했기에 나는 눈물을 흘려서는 안 된다고 생각했다. 그래서 양초를 수시로 보고 균형을 맞게 만들어주면서 항상 반성하는 마음으로 했다. 이 한낱 양초도 절에서는 단상을 밝히는 소중한 불이지만 사회에 나가면 거들떠도 보지 않는 이 양초도 수시로 봐주어야 했는데 난 내 몸 귀찮다는 이유 하나로 그 강아지를 그렇게 혼자 두었나 하는 반성을 하게 되었다. 있을 때 잘해줄 걸…. 나는 내가 착하고 친절하다고 생각했는데 그건 나 혼자만의 착각이었다. 강아지의 죽음이 슬픈 건 죽어서가 아니라 이제는 보고 싶어도 볼 수가 없기에 슬픈 것이었다.

주위 사람들도 늘 볼 수 있을 거라고 생각할 것이다. 항상 볼 것 같지만 어느 날 갑자기 못 볼 수가 있다. 꼭 죽음이 아니더라도 그 상대방과 싸워서 못 볼 수도 있고 이사를 간다고 멀어질 수 있다.

사람은 신기하게도 똑같은 사람이 없다. 도플갱어처럼 외형이 똑같을 수는 있어도 내면이 같은 사람은 없다. 우리는 알고 보면 이 세상에서 하나밖에 없는 리미티드 에디션 즉 한정판이다. 그렇기에 우리의 가치는 매우 크다. 우리 자신과 주위 사람들을 소중히 여길 필요가 있다. 그들이 항상 내 옆에 있을 것이라 생각하고 안일하게 행동하다가 후회하지 않기를 바란다. 지금이라도 주위 사람들에게 웃어주거나 따뜻한 말 한마디를 해보면 어떨까.

출가 생활을 하다 보면 몸이 아파서 퇴방을 하는 경우도 있지만 그렇지 않은 경우도 종종 있다. 자신의 생각과 달라서, 자신이 원하는 방향으로 하질 않아서, 규율을 따라하는 게 벅차서… 이유는 많다. 출가학교는 템플스테이가 아니다. 기간이 짧을 뿐 엄연한 출가이다. 나에게 불교를 맞추는 것이 아니라 불교에 나를 맞추는 것이라 생각한다. 출가를 한다는 건 이제까지의 나를 버리고 새로운 나를 만들겠다는 의지인 것이다.

나 역시 규율대로 진행되는 생활이 힘들었다. 그러나 노력해야 한다고 생각한다. 출가학교를 마치고 나면 힘들었던 시간보다 행복했던 시간이 더 기억에 남는다. 그때는 죽을 것 같이 힘들었는데 지나고 나면 그 상황 또한 행복했다고 생각을 하게 된다. 그리고 분명 더 나은 일이 생기게 될 것이다. 여몽이라는 사람이 '진정한 여행은 새로운 풍경을 보러 가는 것이 아니라 세상을 바라보는 또 하나의 눈을 얻는 것이다'라고 했다. 출가학교에서 또 다른 혜안을 가지시길 바란다.

혜안_41기

누구나 자유를 꿈꾼다

북경에서 이 글을 쓴다. 어제는 만리장성에 가서 달에서도 보이는 인간이 만든 축조물을 보면서 인간의 의지가 얼마나 위대한 것인지를 보았다. 오늘은 천자가 하늘에 제사를 지낸 천단에 가서 제사를 지내고 올 예정이다. 동아시아 주권은 동아시아 시민에게 있고, 동아시아 모든 권력은 동아시아 시민을 섬겨 전쟁이 없는 동아시아가 되도록 발원을 할 생각이다.

월정사 출가학교를 졸업한 지 3년이 된다. 출가학교를 졸업하여 세상에 출가한 지 3년. 나는 출가 당시 발원한 것을 실천하고 있는가. 출가학교에서 배운 자신의 몸을 단련하는 법과 마음을 다스리는 법을 잊고 있는 것은 아닌가 늘 자문해본다. 몸은 게을러져 요가 수행을 하지 않고 있고, 묵언은커녕 말로써 악업만 쌓고 있다. 오직 지키고 있는 것은 백팔배 정도. 그것도 종종 잊을 때가 있다. 하지만 공양게송의 오관게五觀偈는 잊지 않고 있다. 역시 부처님의 말씀처럼 세상을 이기는 것은 작은 승리이고, 자신을 이기는 것이 큰 승리인 것 같다.

원효 스님께서 '사람이 누구인들 산에 들어가 수도하고자 아니하리오만은 나아가지 못한 것은 애욕에 얽혀 있기 때문이니라' 하셨듯이 사회생활을 하면서 영원한 자유를 꿈꾸지 않는 사람이 어디 있을까. 나 역시 대학과 사회생활을 하면서 여러 가지 어려움을 겪으며 그때마다 영원한 자유를 갈구했다.

기회가 있다면 영원한 자유를 찾고자 출가를 꼭 한번 하고 싶다는 마음을 늘 가지고 있었다. 특히 사회생활을 하면서 막힐 때는 부처님께 기도하면서 큰 은혜를 입었고, 그 힘으로 막힌 길을 타개하며 살아왔기에 한편으로 출가는 늘 자신과의 약속을 지키는 문제로도 남아 있었다.

이렇게 살아가다가 문득 '죽음의 때가 온다면 후회하지 않을 자신이 있는가?' 하는 문제의식을 느끼고 살아오고 있었다. 나이가 오십이 넘어가자 더욱 그런 고민이 커지고 있었는데 다행히 1년간 사무실을 비울 수 있었다. 평소에 하고 싶었던 것을 할 기회라 생각하여 출가학교를 입학하게 되었다. 비록 기간은 짧을지언정 출가의 흉내라도 내어보자는 생각이었다.

출가생활은 그동안 사회생활을 하면서 무절제하고 나태했던 버릇 탓에 몸과 마음을 제대로 돌보지 않았다는 것을 뼈저리게 느끼는 날들이었다. 특히 요가 시간이 그랬다.

참회의 절을 하게 되는 대부분의 잘못이 도반들에 대한 배려와 청규 위반이었기에 참회의 절을 할 때마다 이기적인 자신을 돌아보는 계기가 되었다. 출가학교를 졸업하면서 사회에 돌아가는 것은 또 다른 수행의 시작이며, 출가 수행은 이제부터라는 생각을 하며 하산했다.

나는 현재 대한변호사협회 일제피해자인권특별위원회 위원장으로 일하고 있다. 변호사로서 지난 20여 년간 일제피해자들에게 정의를 돌려주는 일을 하고 있다.

부처님의 가르침 중 제1은 살생을 하지 말라는 것이다. 살생을 제도적으로 묵인하는 것이 전쟁이다. 전쟁을 없애고, 평화를 유지하려면 여러가지 방법이 있겠지만 나는 전쟁 피해자에게 정의를 돌려주는 것이 가장 좋은 길이라 생각한다.

전쟁 피해자에게 정의를 돌려준다는 것은 전쟁 피해자의 목소리에 귀기울이고, 전쟁 피해자의 희생을 진정으로 고귀하게 생각하고, 그에 대한 정당한 배상을 한다면 이 세상에 전쟁을 할 바보는 없다.

전쟁이 이렇게 지속되는 것은 전쟁이야말로 지배자들에게 남는 장사이기 때문이다. 예를 들어 일본군위안부 피해자나 원폭 피해자의 고통을 전범자에게 그대로 돌려준다면 누가 전쟁을 할 수 있을까?

현재 한국의 일제 피해자들은 아직도 해방이 된 것이 아니다. 매주 수요일이면 위안부 피해자들이 일본 대사관 앞에서 시위를 한 지 20년이 훨씬 넘고 있고 대를 잇는다는 원폭 피해자의 경우도 어느 쪽이나 가해자들로부터 한 마디 사죄도 못 듣고 있다. 이런 무법천지를 부처님은 용서하실까?

아울러 부처님의 첫째 가르침대로 전쟁을 막는 길은 사회를 민주화하는 것이다. 전쟁이란 심부름꾼이 주권자를 죽게 하는 것이다. 따라서 진정하게 민주화된 국가는 전쟁을 할 수가 없다. 이런 관점에서 보면 현재 동아시아는 일본이 침략전쟁을 한 후 청산작업을 제대로 하지 않아 평화 인프라가 취약한 형편이다. 따라서 변호사로서 전쟁 피해자들에게 정의를 돌려주는 일이 나의 화두가 되어 있다.

당면 목표로 2012년 5월 24일 우리 대법원 판결과, 2007년 4월 27일 일본 최고재판소 판결을 존중하여 한일 양국 정부와 일본 전범기업, 그리고 한일청구권협정 청구권자금 한국수혜기업이 참가하는 2+2재단을 만들어 피해자에게 배상하고, 한일간 교류, 특히 청소년 교류작업을 진행할 생각이다.

이를 위해서는 우선 일본군위안부 피해 문제를 피해자들이 살아 있는 동안에 해결하는 것이 중요한데, 2011년 8월 30일

헌법재판소가 우리 정부의 무책임을 헌법위반으로 결정한 이후 우리 정부가 뒤늦게 노력을 하고 있고 박 대통령도 일본 정부에게 책임이행을 촉구하며 정상회담을 거부하고 있으나, 우리 정부가 힘이 없는 관계로 시간만 지연되고 있다.

그래서 중국 정부와 힘을 합치는 것이 중요한데 이를 위해 한중 정상이 위안부 피해자를 만나게 하기 위해 중국에 와 있다. 모쪼록 부처님의 도움으로 올해 이 모든 일이 풀려 피해자들이 더 이상 수요 시위를 하지 않아도 되길 기원하고 있다.

이런 일을 하는 데 월정사 출가학교 도반들이 함께하고 있다. 중국인 연화 행자는 중국어 번역 등을 통해 돕고 있고, 한정 행자와 선유 행자는 일본군 위안부 피해자들을 만나 함께하고 있으며, 보천 행자는 우리 도반들이 만든 절에서 다른 도반들의 원력을 담아 기도를 통해 동참하고 있다.

부처님은 태어나시면서 '천상천하 유아독존'이라 하셨다. 이는 자신이 천상천하에서 제일 존엄하다는 것을 선포한 것이다. 자신이 존엄한 줄 알아야 타인이 존엄한 줄 안다. 자신이 천하에서 제일 존엄하다는 것은 대통령보다, 천황보다, 주석보다 존엄하다는 것이다.

그런데 우리는 이것을 실감하지 못하고 있다. 부처님은 왜 세습 왕의 자리를 버리고, 출가를 하셨을까? 모두가 왕이 되는 사회를 꿈꾸셨기에 모든 기득 권력을 버린 것이 아닐까.

우선 해인삼매海印三昧의 지혜를 얻어 자신이 이 세상의 주인임을 느낄 수 있어야 한다. 출가학교 도반들은 적어도 대통령이나 왕은 전생에 한 번 이상 한 사람들이다. 그러기에 출가의 발원을 할 수 있는 것이다. 이런 깨달음으로 화엄 삼매를 실천하는 삶을 살아야 한다. 이 세상에 자신이 부처님인지 모르고 사는 중생들이 얼마나 많은가. 더불어 중생이 부처님 대우를 받게 되는 세상. 그것이 진정한 민주주의 사회이고 불국토가 아닐까.

도기_35기

묵묵히 걷는다

스물아홉이 되었다. 내 나이의 무게감이 주는 부담과 힘든 직장생활, 여러 가지 힘든 일들로 결국 병원 신세를 졌다. 몸에 병이 난 것을 계기로 내 자신을 돌아보고 싶다는 절실함에 정말 우연한 기회를 얻어 출가학교에 가게 되었다.

불교에 대해서는 아는 것이 하나도 없었고 종교도 없었던 내가 사찰에 들어가서 생활을 한다니 부모님에서부터 친구들까지 전부 의아하게 생각했지만 그런 것들을 전부 뒤로 한 채 월정사에 왔다.

스님께서 마음이 일으켜지거나 잘못된 습을 행할 것 같을 때 멈추고 자신이 어떻게 하고 있는지 생각하고 바라보라고 하셨다. 산행 중의 일이다. 서대는 일반인 출입금지구역인데 그때 마침 특별히 개방해주셨다고 했다. 처음엔 이정도면 괜찮은데 싶었던 것이 샛길로 들어서면서 갑자기 경사가 가파르고 계속 오르막이다.

올라가면서 '이게 뭐지? 너무 높은데?' 하는 생각이 들었다. 체력에 한계가 오니 포기하고 싶은 마음이 일었다. '대체 산행을 왜 하는 거야? 짜증난다' 이런 마음까지. 그런 마음을 가지고 계속 올라갈 곳만 쳐다보니 더 오르기 싫고 표정도 안 좋아졌다.

도반 중 한 분이 자기 발을 보며 걸으면 덜 힘들다고 했다. 올라갈 곳을 쳐다보면 '저기까지 가야 해?' 이런 생각이 들어 더 힘들다는 것이었다. 솔직히 그 말을 들으면서도 속으로는 '쳇, 내 발만 보면 어디까지 왔는 줄도 모르는데 왜 그래야 하지? 그 방법이 더 안 편할 것 같은데' 이런 마음만 가득했다.

그렇게 어찌어찌 올라갔는데 세상에! 그렇게 아름다운 풍경은 태어나서 처음이었다. 환희심이 무슨 말인지 이해할 수 있을 정도로 너무 예뻐 나도 모르게 탄성이 자아질 정도였다. 그때 갑자기 내 삶에 대해 생각이 났다. 나는 항상 무엇을 열심히 하다가 안 될 것 같고 힘들어질 것 같으면 쉽게 포기를 했다. 그리고 자책했다.

사실 알고 보면 80%까지 목표를 달성하다가 마지막 20%를 못 견디고 포기한 게 아닐까. 이렇게 산을 오르는 것처럼 끝까지 하면, 그 도반이 말한 것처럼 저 멀리 앞을 보며 힘들어 하지 않고 자기 길만 묵묵히 바라보며 걸었다면 결국에는 포기하지 않고 목표에 도달하지 않았을까. 내 자신을 반성하며 큰 깨달음을 얻었다.

졸업에 이르기까지 이 시간이 끝나지 않았으면, 시간 가는 게 너무 아깝고 안타깝다고 느낄 정도로 최선을 다해 보냈고 즐겼다. 내 인생에서 최고의 23일을 선물해주고 불교에 대해서 알고 싶다 생각하게 해준 월정사 출가학교와 맑고 순수한 우리 도반님들께 너무너무 감사하고 사랑한다고 말씀드리고 싶다.

경애_37기

사람은 무엇으로 사는가

〈사람은 무엇으로 사는가〉. 러시아의 대문호 톨스토이(Lev Nikolayevich Tolstoy, 1828~1910)의 단편집 제목이다. 기독교적 세계관으로 쓰인 소설이지만, 불가의 화두처럼 인류의 영원한 과제로 여겨지는 세 가지 문제를 언급하고 있다.

사람의 마음속에는 무엇이 있는가?

사람에게 허락되지 않은 것은 무엇인가?

사람은 무엇으로 살아가는가?

하루하루 반복되는 일상 속에서 우리는 쉽게 매너리즘에 빠지곤 한다. 그리고 그렇게 살아야만 하는 자신의 삶에 회의를 느끼거나, 목표를 잃고 우왕좌왕하기도 한다.

나 역시 마찬가지이다. 살아가면서 부딪히는 작은 문제로 화를 쏟아내기도 하고, 미래에 대한 막연한 희망으로 버거운 현실을 묵묵히 감내해야 했었다. 그러다 똑같은 일상에 변화의 기미가 보이지 않을 때는, 홧김에 술도 진탕 마셔댔고, 또 쓰린 속을 부여안고 허겁지겁 오른 출근길에 한숨을 내쉬곤 했었다.

우연한 기회에 접한 월정사의 출가학교. 지금에 와서 돌이켜보면 많은 생각을 할 수 있었던 값진 경험으로 기억된다. 땀을 뚝뚝 흘리며 나를 향해 절하는 도반의 엄숙함에 내 안에 숨어 있는 불성佛性을 찾은 듯 싶었고, 폭포처럼 쏟아지던 빗속에서의 삼보일배 때는 정체 모를 무언가가 목구멍 깊은 곳에서 치밀어

오르는 느낌을 받기도 했었다. 가족에게 남기는 유언장을, 또 사랑하는 사람에게 전하는 편지를 쓰면서 내게 주어진 삶 그 자체에 감사하고 현실에 자족할 줄 아는 넉넉함을 배울 수 있었고, 이른 새벽 도량의 청정한 분위기에 마음을 비우는 홀홀한 자유를 느끼기도 했었다.

물론 사찰생활에 익숙지 않은 몸뚱이 덕분에 쉽지만은 않은 일이었다. 무릎에는 항상 파스를 덕지덕지 붙여야만 했었고, 교리수업 시간에는 수마睡魔와 싸우며 병든 닭처럼 고개를 주억거리기도 했었다. 더구나 매일 아침저녁으로 반복되는 예불 시간에는 한없이 저린 다리로 무릎을 꿇고 있기가 고역이었고, 제한된 공간 속에서 쉴 새 없이 돌아가는 하루의 일과는 숨통을 옥죄이는 듯 답답하게 느껴지기도 했었다. 당연하게 여기던 안락함과 내키는 대로 행할 수 있던 일상의 자유로움은, 낯설고 제한된 환경에 처해서야 고맙게 느껴지는 감로수와 같은 것이었다.

몸은 고달팠지만 순간순간 느낄 수 있었던 당시의 감동과 오랫동안 이어지던 여운을 곱씹어 볼 때, 그것은 충분한 값어

치가 있는 것이었다. 특히 사찰생활에 익숙해질수록 마음 한켠 어느 구석부턴가 오롯이 차오르던 충만감은 그 무엇과도 바꿀 수 없는 귀중한 체험이었음이 틀림없다.

자신을 한없이 낮추는 하심下心 수행은 도반들 서로가 솔선수범하여 격려해주는 밑바탕이 됐었고, 자신을 되돌아 볼 수 있던 잠깐의 사색은 주어진 시간을 매순간 소중히 여기게 하는 자성으로 이끌었다. 끊임없이 강조되던 묵언默言과 차수叉手 역시 쓸데없는 말공해를 줄이고, 몸가짐을 단정히 하는 방편이 되었음은 부인할 수 없는 사실이다.

〈사람은 무엇으로 사는가〉의 천사 미하일. 하느님의 명을 어겨 지상으로 떨어진 그에게도, 인간 세상에서의 삶은 힘겹고 낯선 일이었을 것이다. 벌거벗은 채 도시의 뒷골목에서 떨고 있던 날개 잃은 천사의 모습은, 회색빛 도시와 각박한 일상에 스스로 갇혀버린 우리네 모습과 다를 바 없지 않을까? 인간세상에서 답을 찾던 미하일은 결국 세 번의 미소와 함께 새로 돋은 날개로 천상을 향했지만, 나는 아직 그 답을 찾지 못했다. 짧은 기간의 출가를 통해 그 답을 얻고자 했다면 지나친 욕심일 것이며, 또 얻은 게 있다 하더라도 그것이 참된 답인지는 보다 더 숙고해봐야 할 것이다.

두어 번의 자원봉사 후 다시 원래의 일상으로 돌아온 지 달포가 지났다. 아직도 적광전에서 되뇌던 염불소리가, 새벽 도량의 맑은 향내음이, 소등 후 법륜전 비로자나불의 자애로운 미소가 기억 속에 뚜렷하다. 내게 주어진 삶 속에서 최선을 다해 하루하루 살아가는 것, 또 그 안에서 보살행을 몸소 실천하는 것. 그러다보면 언젠가는 나도 나만의 해답을 찾을 수 있지 않을까? 단기출가의 졸업은 곧 새로운 수행의 시작이라는 청중 스님의 말씀이 귓전을 맴돈다.

법륜전 대청마루에 기대앉아 오대산 산기슭의 안개구름을, 혹은 처마에서 떨어지는 낙숫물을 하염없이 바라보던 그 순간이, 오늘따라 아련한 향수처럼 한없이 그리워진다.

진상_29기

살면서 가장 잘한 일

"출가학교 어땠어?"

요즘 지인들로부터 가장 많이 듣는 질문이다. 머리 기르는 것을 좋아하고 가끔 볶기도 하던 예전의 내 모습을 기억하는 사람들은 아직 역력하게 남아있는 삭발 투혼의 흔적을 의아하게 바라본다. 그들에게 나는 농담 삼아 대답한다. "오죽했으면 갔겠냐?"

2005년 1월 남해의 외딴 섬에서 일주일간 '무無' 자 화두에 든 적이 있다. 타성에 젖어 반복되는 일상을 살며, 문득문득 '이렇게 살아도 되는 걸까?'라는 회의가 강하게 밀려들던 시기였다. 좌선을 한 지 3일이 지나도록 활개치는 잡생각에 파묻혀 있던 밤, 옆에서 잠든 초로의 거사님을 보며 삶에 대한 절절함과 사무침을 느끼게 됐다. 잠결에도 '무, 무, 무…' 하며 화두를 놓치지 않는 것이다.

"삼일 닦은 마음은 천년의 보배요, 백년 탐한 재물은 하루아침의 티끌이다(三日修心千載寶 百年貪物一朝塵)"라고 했던가. 당시 좌선을 통해 집착과 분별에서 벗어나 삶을 지혜롭게 살아갈 수 있는 수행의 불씨를 피웠으며, 짧은 순간이나마 아무런 근심 걱정, 괴로움도 번뇌도 일지 않는 무한한 행복감을 맛볼 수 있었다.

과거에 대한 후회와 앙금, 미래에 대한 막연한 두려움도 사라졌다. 이후 몇 년간 별다른 어려움이 없었다. 하루하루 기쁘고 즐거웠다. 그러나 어느 순간 마음공부를 놓쳐버리니 수행의 불씨는 잦아들었고, 왠지 모를 답답함과 울화통이 치밀었다.

그러한 상태는 지난 연말연시를 보내며 최고조에 달했다. 마음의 중심을 잃고 흥청이는 분위기에 휩쓸리다보니 무슨 일을 해도 재미가 없었다. 끈 떨어진 연처럼 방향을 잃고 헤매었다. 또 다른 약발이 간절했다.

그러한 나에게 한 달간 산사에 머물며 행자 체험을 하는 출가학교는 굉장히 매력적으로 다가왔다. 따뜻한 봄바람이 불 무렵 참가할 마음을 굳히고 은밀한 작업에 들어갔다. 혼자 떨어져 있을 아내를 수시로 설득하고, 회사에도 입사 10주년을 핑계로 보내주십사 간곡히 요청했다. 그렇게 맺은 출가학교와의 인연은 내 인생 최고의 선물이었다.

한마디로 '황홀한 경험'이었다. 쉴 새 없이 쏟아지는 정보의 홍수 속에서 벗어나 핸드폰과 인터넷을 잊고 살았다는 것만으로 충분했다. 온전히 참나와 대면하는 짜릿한 만남이었고, 밧줄도 없이 스스로를 옭아맸던 무승자박無繩自縛에서 벗어나는 해방이자 자유였다.

삼보일배, 삭발식을 치르며 나는 놀이공원에 처음 간 아이처럼 흥분했다. 빡빡한 일정에 힘들어하는 행자 도반들에게 미안할 정도로 몸도 마음도 홀가분했다. 매일 세 차례 새벽, 사시, 저녁예불을 드리며 부처님께 가까워졌고 신심이 증장됐다.

무엇보다 아침 발우공양을 마치고 걷는 전나무 숲길 경행이 좋았다. 고요히 사색하며 걷노라면 나의 과거와 현재, 미래를 만날 수 있는 더없이 충만한 시간이었다.

> 사바의 여정에 가끔 이곳에 들러 일주문 밖 어디쯤인가에서 서성이고 있을 초발심 때의 그 간절했던 마음을 추슬러 삶을 좀더 치열하게 살 수 있는 지남이 되고자 이 탑을 세운다.

전나무 숲길에 세워둔 삭발기념탑에 써 있는 문구 중 일부다. 출가학교 참가는 내가 살아오면서 가장 잘한 일 중 하나며, 언제든 괴로움이 일 때 찾아갈 수 있는 마음의 고향이 되었다. 보너스로 일주일간 오후불식하며 5kg이 감량됐다. 쓸모없는 뱃살은 빠지고 뱃심 든든해 돌아오니 매사에 당당하고 자신감이 붙는다. 함께한 행자 도반님들께도 감사함을 전한다. 그들은 자신의 고민과 문제점이 무엇인지를 알며, 부처님 품안에서 새로운 삶의 전환점을 찾기 위해 출가학교를 선택했다. 혈기왕성한 젊은 대학생 도반님들의 모습에서 과거의 내 모습을 보았으며, 연세 드신 도반님들의 연륜과 지혜를 통해 나의 지향점을 바라보게 되었다.

나는 너고, 너는 나다. 특히 밤마다 잠자리에서 끙끙 앓으시면서도 삼보일배, 삼천배 등 모든 일정에 솔선수범하며 힘과 용기를 북돋아주셨던 21기 최고령자(63세) 일휘 도반님께 깊은 감사의 마음을 전한다.

일함_21기

어린아이처럼

수행자처럼 오롯이 나를 찾으며 살겠다고, 끝이 아니고 또 다른 시작이라고 용기 있게 33년의 교직생활을 끝내고 교문을 씩씩하게 걸어 나왔다. 매일 가까운 포교당을 찾아 사시기도, 불교대학, 경전 강의를 들으며 지내던 중 월정사 출가학교 소식을 접하고는 '아! 이거다' 싶었다.

나름대로의 많은 경험과 꿈을 가지고 참가한 행자님들. 아마도 나처럼 또 다른 시작을 꿈꾸며 이곳 월정사를 찾았으리라. 일흔이 넘는 분도 있었지만 우리는 모두 어린아이고 봄이다. 향기 넘치는 연둣빛 새싹이다.

십 년 전 불교 신자로 마음을 닦으며 살리라 결심하고 처음 월정사 수련회에 참가했었다. 삼배만 겨우 하던 시절이다. 힘들어 몇 번이고 나가려 했는데 옆 도반이 하루만 참아보라고 도와주어서 견디고 또 견뎠다. 그리고 마지막 날 삼보일배! 뜨거운 햇볕에 온몸을 땀으로 눈물로 적셨다. 가끔씩 반칙을 하면서도 적광전 앞 구층석탑 탑돌이를 끝으로 삼보일배의 장정을 마쳤다. 끝냄이 주는 환희의 눈물과 관광객들의 박수소리에 나는 알 수 없는 설움에 울고 또 울었다.

그런데 수련회를 마치고 집에 들어가 시어머니를 보는 순간 내 가슴에 응어리져 있던 미움의 덩어리가 사라지고 없다는 것을 느꼈다. 7형제 맏며느리로서 힘든 일 중의 하나가 어머니와의 갈등이었다. 그냥 머리로 어머니를 이해하고 살아왔었는데… 봄에 온 눈이 사라지듯 미움이 그냥 사라지고 없었다. 부처님의 가피를 그대로 느낀 순간이었다. 이것이 내 첫 기도였나보다.

출가학교에 들어와 대중방 생활을 하면서 가장 고통스러운 것 중의 하나가 코 고는 사람이 있을 때다. 그래서 코 고는 사람보다 먼저 잠들기를 소원한다. 머리를 침낭 속에 파묻기도 하고 속으로 정근도 해보고 숫자를 세기도 한다.

첫날은 휴! 밤이 하얗게 머리를 흔들었고, 둘째 날은 삼보일배 덕분인지 많은 사람들이 잘 잤단다. 셋째 날은 무섭다. 잘 수 있을까 없을까? 그러다 생각했다. 코 고는 사람이 변한 것이 아닌데 둘째 날은 왜 잘 잤을까? 코 고는 사람은 어제도 그저께도 코를 골고 있었는데…. 그래 잠을 못 잔 것은 코 고는 사람 때문이 아니라 나 때문이다. 그렇게 깨닫는 순간 혼자 웃었다. 그리고 난 내내 단잠을 잤다.

절 생활의 백미는 발우공양이랄까? 먹는 것이 도道라는 생각이 든다. 앉고 서고 걷고 먹고 씻는 것에 정신을 똑바로 차려야 하는 것이 행자이며 우리 삶의 진리인가 보다. 발우공양은 발우를 싸다보면 벌써 배가 고프다. 하지만 발우의 리본 만들기 하나에도 온 마음을 써야 하기에 발우공양은 그대로 참선이고 기도임을 느낄 수 있었다.

탁발공양은 내게 큰 참회의 시간이었다. 공양게에서 '도업을 이루고자 이 공양을 받습니다' 한다. 과연 나는 당당하게 먹을 수 있는가? 부끄러움은 없는가? 부끄럽다! 그래서 탁발한 음식을 삼키면서 흐르는 눈물을 주체할 수 없었다.

'삶의 시작부터 끝까지 우리들은 타인의 친절에 의지하게 되니, 우리가 다른 사람의 삶에 기쁨으로 기여하지 못한다면 인생이 무슨 의미가 있겠는가!' 달라이라마님의 말씀과 원효스님의 '이 몸이 얼마나 살 것이관데 일생을 닦지 않는가. 몸은 반드시 마치고 말 것인데 내생은 어떻게 할 것인가. 어찌 급하고 급하지 아니한가' 하신 말씀이 떠오른다.

이제 이 아름다운 시간의 열매를 모두에게 회향하고 향기로운 황혼기를 맞이하리라!

묘길상_황혼기

묘한 인연입니다

눈 덮인 길 위에서 보궁까지 삼보일배를 하느라 행자복이 젖은 채로 중대 사자암 후원에서 공양을 하고 있던 31기 후배님들과 마주친 나는, 측은해진 마음과 동시에 1년 전 교육을 받던 내 모습이 떠올랐다.

그때엔 이미 출가를 결심하고 있었던 터라, 과연 내가 출가자로서 생활을 잘 해나갈 수 있을 것인가에 대한 고민으로 가득 차있던 때였다. 일 년이 지난 지금 그 당시를 되짚어보니 '번뇌 망상에 불과한 고민이었구나' 생각이 들어 민망한 마음에 허탈한 웃음을 지었다. 그동안 출가자로서 필요한 기본적인 습의를 익히느라 어느 정도 힘든 부분은 있었지만, 사시예불 때면 등 뒤로 쏟아지는 햇살 아래 천수경 목탁에 박자를 맞춰가며 비로전 기도를 하는 순간 젖어드는 행복감에 비하면 충분히 감내할 만한 고생이라고 감히 말해본다.

물론 행복감만이 다는 아니다. 이렇게 좋은 인연 따라 출가를 하게 됨에 감사하고 또 감사하며 후배님들도 좋은 인연이 닿기를 간절히 바라고 또 어찌 해야 좋은 인연이 닿을지를 꼭 알려주고 싶은 간절한 마음이 오히려 크지 않을까 싶다.

아직 사미승에 불과한 나라서 애틋한 후배님들에게 그 간절한 마음을 명확하게 알려줄 법력은 없지만, 일상 속에 깨우친 작은 글로나마 막연히 그 명확함을 대신해본다.

오대산의 삭풍이 옷자락을 여미게 하고, 축원문 뭉치를 잡은 손이 꽁꽁 얼어서 축원문을 넘기지 못할 정도의 추위 속 중대 사자암의 사시예불.

《금강경》에 맞춰 목탁을 치고 있는데 새벽예불 때 이미 들어와서 법당을 헤집듯 날아다니던 박쥐 한 마리가 전기장판 위를 살금살금 기어서 내 쪽을 향해 다가오고 있질 않은가. 눈이 마주친 것 같기도 하고, 아무튼 소스라치듯 놀란 마음에 독경은 계속 해야겠고 하여 '으흐흐…' 소리를 내며 경을 읽어 내려가기도 잠깐, 수계 교육 때 들었던 해인사 강원 강주 해월 스님의 말씀이 떠올랐다.

"은사스님이 《금강경》 독송 중, 불안하게 여닫히던 문짝에 손이 찧어 피가 흘러도 삼매에 들어 계속 읽어 내려가셨다."

그 생각에 '그까짓 박쥐 한 마리에…' 하며 마음을 다잡아 독경을 해나가길 20여 분이 지났을까. 사라진 줄 알았던 박쥐가 법당 안을 다시 날아다니자, 참배를 하고 불전함에 보시를 하던 보살님이 어간문을 열어 날아가게 해줘야겠다며 나에게 양해를 구했다. 마침 내 생각도 그러했기에 구석의 법당문마저 열어주기로 했다. 나는 오른쪽, 보살님은 왼쪽 출입문을 열어 놓았는데, 이 박쥐란 녀석이 내가 문을 열자 바로 날아가버리는 것이 아닌가. 그러자 보살님이 하는 말이 "박쥐가 스님이 열어주기를 기다렸나 봅니다" 하는 것이다.

정근을 계속 하면서 나를 향하여 기어올 때의 순간과 문을 열자 바로 날아가는 순간을 가만 생각해보니, 그 보살님의 말도 일리가 있다는 생각이 들었다. 그 보살님은《금강경》을 암송할 정도로 신심이 대단한 신도였다.

순간 '전생에 무슨 인연이 있었을까' '나의 신심을 시험하려고 왔을까' 하는 생각이 들었다. 아마도 그 박쥐는 전생에 선업을 쌓고 부처님 법을 깨치고자 하여 부처님이 계신 법당에 들어와서 부처님 말씀을 듣고 간 것이 아닐까? 창공을 향해 날아가는 모습이 예사롭질 않았던 그 박쥐의 까맣고 반지르르했던 모습과 반짝였던 눈을 떠올리며 다음 생에는 사람의 몸을 받아서 불법을 닦고 도를 깨달아 생사해탈하기를 두 손 모아 기원했다.

인연이란 것이 묘하고도 묘하다. 한 날 한시에 마주치기란 참으로 힘든 일이거늘, 법당에서 마주쳤던 박쥐처럼 부처님 품

안에서 이 많은 인연과 맞닿아 있다는 것에 왠지 모를 미소가 지어진다. 인연에 의해 네가 있으므로 내가 있고, 내가 있으므로 앞에 그대가 있으니 이 어찌 소중하지 않을 수 있을까.

불가에 연을 맺은 것처럼, 월정사 출가학교와 연을 맺은 것처럼, 그리고 기도 중인 사자암에서 31기 행자님들과 마주친 것처럼 앞으로 또 어떤 인연과 마주칠 것인가.

전생에 선연이었든 악연이었든 모든 벽을 허물고 불법 안에서 '첫 마음으로' 만날 소중한 인연들에 미리 삼배를 올리고 싶다. 나무관세음보살

중대 사자암 상엄 스님/용행_27기

내 안으로 떠나는

30일간의

행복 여행

부처님 진신사리가 모셔진 불자들의 성지이며 영혼의 안식처,

오대산 출가학교에 오신 것을 환영합니다.

출가학교는 한국 최고의 불자를 위한 수행 프로그램입니다.

고단한 삶에서 벗어나 다시, 가벼워지고 자유로운 삶을 꿈꾸는

당신을 위한 수행 프로그램입니다.

나를 버리고, 내 것을 버리고, 내 고집을 버리는 과정에서

몸과 마음이 힘들 때가 많습니다.

지금까지와는 다른 삶, 처음 만나는 자유를 원한다면

지금 출가학교로 오십시오.

출가 학교

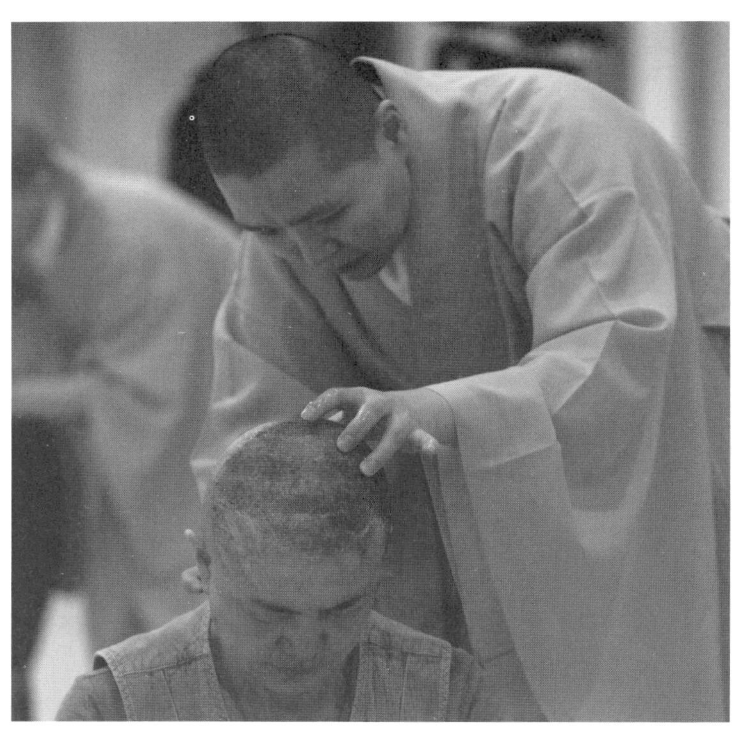

削髮紀念

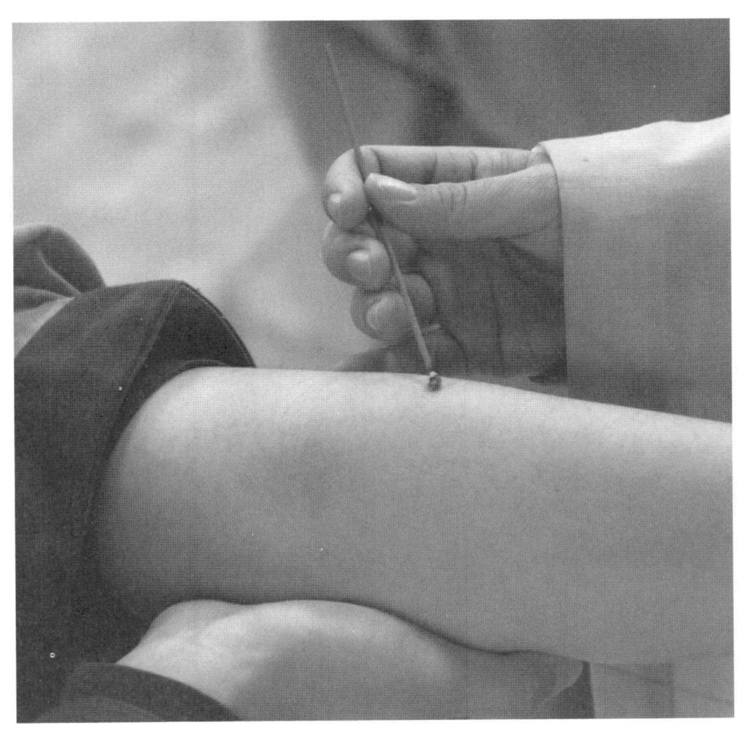

출가학교 참가 신청 및 안내

대한불교조계종 제4교구본사 오대산 월정사
(25318) 강원도 평창군 오대산로 374-8
문의전화 033)339-6777
www.woljeongsa.org